만만한 수학

1학년 카드게임

이현지 지음 유영근 그림

게임 하면서 재미 붙이고, 문제 풀면서
개념 확인하는 새로운 방식의 수학 학습법

만만한 1학년 카드게임 수학

차례

책을 만든 이유
책 활용법

수의 체계

1. **숫자 기차 만들기 게임** — 8
   한 자리 자연수(1학년 1학기)
2. **꼬리잡기 게임** — 14
   0과 두 자리 수 (1학년 1학기)
3. **공격 방어 게임** — 20
   100이하의 자연수 (1학년 1학기)

연산

1. **천생연분 찾기 게임** — 26
   한 자리 수의 덧셈 (1학년 1학기)
2. **카드 탑 가져가기 게임** — 32
   두 자리 자연수의 덧셈 (1학년 2학기)
3. **창과 방패 게임** — 38
   한 자리 수의 뺄셈 (1학년 1학기)
4. **카드 탑 가져가기 게임2** — 44
   두 자리 수의 뺄셈 (1학년 2학기)
5. **카드 막기 게임** — 50
   받아올림이 있는 덧셈 (2학년 1학기)
6. **차이를 줄여라 게임** — 56
   받아내림이 있는 뺄셈 (2학년 1학기)
7. **동네 한 바퀴 게임** — 62
   여러 가지 덧셈과 뺄셈 복습 (1학년)

도형

1 **친구들 모여라 게임** 68
  도형의 이름 (3학년 1학기)
2 **짝을 찾아라 게임** 74
  평면 도형 (2학년 1학기)
3 **도형 스피드 게임** 80
  주변에서 볼 수 있는 평면 도형 (2학년 1학기)
4 **친구들 모여라 게임2** 86
  입체 도형 (1학년 1학기)
5 **카드 뽑기 게임** 92
  주변 물건에 있는 입체 도형 (1학년 1학기)
6 **자리 바꾸기 게임** 98
  도형 복습 (1학년)

비교

1 **도토리 키 재기 게임** 104
  길이와 높이 비교 (1학년 1학기)
2 **땅따먹기 게임** 110
  넓이 비교 (1학년 1학기)
3 **찰랑찰랑 게임** 116
  양 비교 (1학년 1학기)
4 **너무 너무 무거워! 게임** 122
  무게 비교 (1학년 1학기)

시계와 달력

1 **시계 빙고 게임** 128
  30분 간격 시계 보기 (1학년 2학기)
2 **정각 만들기 게임** 134
  분침 읽기 (1학년 2학기)
3 **언제 도착해 게임** 140
  시간 계산 (2학년 2학기)
4 **오늘 내일 모레 게임** 146
  날짜 (2학년 2학기)
5 **특별한 날 찾기 게임** 152
  달력 보는 법 (2학년 2학기)

정답 158
카드
숫자 카드, 컵 카드, 시계 카드, 도형 카드
눈금 카드, 별 그림 카드, 기념일 카드
땅따먹기 놀이판

책을 만든 이유

"게임으로 배우면 수학이 부담스럽지 않아요"

오랫동안 현장에서 수학을 가르치면서 만난 아이들 중에는 수학을 어려워하거나 싫어하는 아이가 있었어요. 그런 아이에게 수학을 가르칠 때 가장 힘들었던 것은 수학에 대한 거부 반응이 너무 심했던 것이었어요. 어느 과목이나 마찬가지겠지만 가장 중요한 것은 아이들에게 흥미를 일으키는 것이라고 생각해요. 그래서 어떻게 하면 아이들이 수학을 재미있게 배울 수 있을까 수없이 고민을 했어요. 많은 시도 끝에 아이들에게 가장 효과가 있는 방법은 아이들이 제일 좋아하는 게임 방식으로 수학을 알려주는 것이라는 것을 깨달았어요.

게임으로 수학을 학습하면 여러 가지 효과가 있어요

첫째, 문제 해결 능력을 길러줘요. 게임을 하면서 다양한 상황을 마주하게 되고, 게임에서 이기기 위해서 각 상황에 따른 최선의 방법을 여러 모로 생각하게 되죠. 한 가지가 아닌 여러 가지 상황에 따른 문제 해결 능력을 기를 수 있어요.

둘째, 집중력이 높아져요. 아이들은 게임을 정말 좋아해요. 그리고 아이들은 자신이 좋아하는 것에 엄청난 집중력을 발휘하죠. 이런 집중의 경험이 쌓이면서 집중력이 높아지는 법이죠.

셋째, 기억이 오래가요. 재미있고 강렬한 기억은 오래가요. 아이들이 게임을 하면서 경험했던 즐거웠던 기억, 문제를 해결했을 때의 기쁨이 기억에 오래 남아 다른 문제 풀 때도 쉽게 풀 수 있는 자신감을 불러와요.

넷째, 아이들의 학습 부담을 줄여줘요. 아이들은 공부하는 것에 큰 부담을 갖고 있어요. 하지만 부담 없이 게임을 하면서 실력이 향상 되면, 학습을 부담스럽지 않게 여기게 된답니다.

게임으로 수학을 배운 아이들이 어떻게 변했을까?

첫째, 생각하는 능력이 길러졌어요. 생각하기 싫어하던 아이들도 '잠깐만요!' 하면서
곰곰이 생각해보게 됐어요.

둘째, 집중력이 눈에 띄게 좋아졌어요. 학부모님이 찾아오셔서는 '혹시 수학 게임에 집중력이
향상되는 효과가 있나요?' 하시면서, 다른 수업에서도 집중력이 눈에 띄게 좋아졌다고
말씀하시는 경우가 자주 있어요.

셋째, 문제를 정말 잘 풀어요. 게임에 이기기 위해서는 내용을 정확하게 알고 있어야 해요.
사고하는 습관 덕분에 단순 계산 문제는 물론 어려운 문제도 잘 풀게 됐어요.

넷째, 아이들이 능동적으로 공부해요. 게임에서 이겨야하니까 '게임에서 이기기 위해 알아야
할 것들'인 개념 부분을 능동적으로 익히려고 하고, 이해가 안 되면 될 때까지
물어보게 됐어요.

무엇보다도, 아이들이 수학을 좋아하고, 수학 게임하는 시간을 기다려요. 수업 두 시간 전에
오는 아이도 있어요. 아이들의 인사말이 '선생님 어제 한 게임 또 하면 안 돼요?'에요.

부담이 아닌 만만함을 원해요

저는 아이들을 가르치는 일이 너무 재미있어요. 저는 수학도 게임도 좋아하거든요.
제가 가르치지 않는 많은 아이들도 수학을 좋아하고 재미있어했으면 좋겠다고 생각했어요.
그런데 시중에 있는 놀이 수학, 게임 수학은 여러 가지 아쉬운 점이 있어요. 담은 내용에 비해서
포장만 크고 가격이 너무 비쌌어요. 종류별로 구입하자면 가계에 부담이 되는 게 사실이에요.
그리고 교과 과정과 연관이 적거나, 놀이 위주라 문제가 너무 적었어요. 놀이와 학습을
제대로 연결해주지 못하는 점이 아쉬웠지요. 그래서 이 책을 만들었어요.
더 많은 아이들이 수학을 재미있게 공부해서 '만만한' 과목으로 여기기를 바라면서요.

2017년 11월 이현지

책 활용법

자연스럽게 실수하고 져 주는 센스

- 5개 단원은 마음 순, 단원 내 게임은 번호 순
- 문제 풀이 하면 게임 승률 올릴 수 있다고 지도

1학년 모든 과정 수록

1학년 때 연산만 배우지는 않아요. 연산이 기본이 되는 과정이지만 연산만 한다고 수학에 자신감이 생기는 것은 아니에요. 고학년이 되어 연산은 잘 풀면서도 도형, 규칙 등 다른 단원은 자기 학년의 내용도 힘들어 하는 아이가 많아요. 이 책에는 1학년 수학의 모든 과정을 담아서 수학을 체계적으로 학습할 수 있게 도와줘요. 1학년 때부터 연산, 도형, 비교, 규칙 등 모든 부분을 놓치지 않고 종합적으로 배워야 합니다.

게임과 문제 풀이 모두 가능

기존의 놀이 수학 프로그램은 게임만 하고 말아요. 그래서 게임을 할 때는 문제를 풀지만 학교 수업이나 시험에서는 문제를 풀지 못하는 아이도 있어요. 문제집이나 학습지는 문제 풀이만 반복하다보니 지루하게 여기는 아이가 많아요. 이 책은 게임을 하면서 흥미를 높이고, 관련된 문제를 풀면서 내용 이해 정도를 확인할 수 있게 구성했어요. 학교 학습에 밑거름이 되기에 충분한 수의 문제를 담았으니 이 한 권으로 끝낼 수 있어요.

간편하게 즐길 수 있는 카드 게임

부피가 크고 복잡한 도구가 필요하지 않는 카드 게임이라서 어디서든 쉽게 할 수 있어요. 실제로 현장에서 아이들과 공부하면서 활용했던 게임이니 난이도나 흥미도는 검증이 된 셈이죠. 25개의 게임을 할 수 있고, 이에 필요한 카드 340여 장도 책 뒤에 마련해 두었어요.

 ## 이렇게 활용하면 200% 효과를 낼 수 있어요

마음에 드는 단원 먼저 하세요

이 책에는 5개 큰 단원이 있어요.
수의 체계, 연산, 도형, 비교, 시계와 달력.
모두 1학년 수학에서 다루는 단원인데,
각 단원별로 몇 개의 게임이 있어요.
단원 순서대로 하지 않고, 수보다 도형이나
비교 단원을 먼저 해도 괜찮아요.
아이가 반복된 연산으로 수학에 흥미를
잃었다면 도형을 먼저 하는 것도 좋아요.

순서대로 할 게임이 있어요

하지만 각 단원마다 구성되어 있는 게임은
순서대로 하는 게 좋아요. 한 단원에서
배워야 할 내용을 몇 개의 게임에 나누어서
담았어요. 그래서 어떤 게임을 하려면 앞에
있는 게임에서 익힌 개념을 알아야 쉽게 할
수 있는 경우가 많답니다. 게임을 하다가
모르는 개념이 나와서 앞으로 돌아가는
일이 생기지 않게 순서를 지켜서 하는 게
좋아요.

문제를 풀어 보면 게임을 더 잘 할 수 있어요

게임을 해 본 다음 확인학습, 유형학습
문제를 풀고 다시 게임을 해 보라고 말해
주세요. 확인학습은 기본적인 연산의 확인,
유형학습은 단원 평가 등 실제 학교
시험에서 나오는 유형들이랍니다.
문제를 풀고 나서 게임을 하면 모든 내용을
이해하고 게임을 하는 것이기 때문에
게임을 더 잘할 수 있어요. 게임을 더
잘하게 되니 게임이 더 재미있어 집니다.

수시로 함께 게임을 즐기세요

카드만 꺼내면 되니, 집이나 여행지에서
뿐만 아니라 친구 집에서 놀 때 등 언제
어디서든 수시로 게임을 즐기도록 환경을
만들어 주세요. 카드 외에 주사위나
필기도구 정도만 필요하니, 휴대에는
불편이 거의 없답니다. 게임 도구를
준비해두는 것도 중요하지만 함께 게임을
하는 것이 더 중요합니다. 진도나 시간에
구애받지 말고 수시로 즐기세요.

자연스럽게 져 주세요

아이들은 게임을 이겨야 재미를 느낍니다.
간혹 어떤 아빠는 동기를 부여한다는
생각에 전혀 봐주지 않고 게임을 하죠.
이런 경우 대부분의 아이는 곧 게임에,
그리고 수학에 흥미를 잃고 맙니다.
눈치 채지 못하게 져 주는 것도
능력이랍니다. 반대로 매번 아이에게
져 주면 아이는 근거 없는 자신감에
관련 단원을 가볍게 여기게 될 수 있으니
조심해야 해요.

실수도 해 주세요

그리고 틀린 것을 자꾸 지적하면 게임이
재미없어져요. 게임 과정에서 스스로
실수를 알 수 있게 부모님도 적당히 실수를
해 주세요. 게임에서 실수한다고 수학을
망치는 것은 아니랍니다.

숫자 기차 만들기 게임

바닥에 있는 카드의 앞뒤에 올 숫자 카드를 내려놓는 게임.
손에 든 카드를 다 내려놓으면 승리!

게임 준비물 1~9 숫자 카드 아홉(9) 장을 각각 두(2) 장씩(빨강, 검정) 모두 열여덟(18) 장

게임 방법
1. 빨강 5 카드와 검정 5 카드를 세로로 나란히 놓습니다.
2. 한 사람당 다섯(5) 장씩 카드를 나눠 갖고, 남은 카드 여섯(6) 장은 뒤집어서 쌓아 둡니다.
3. 번갈아가며 규칙에 맞춰서 카드를 내려놓습니다.
   바닥에 놓인 숫자들과 색이 같고, 연속한 숫자 카드만 놓을 수 있습니다.
   예를 들어 빨강 5가 있으면 빨강 4나 빨강 6을 내려놓을 수 있습니다.
4. 내려놓을 카드가 없으면 쌓아 둔 카드 더미에서 한(1) 장 가져옵니다.
5. 손에 있는 모든 카드를 먼저 내려놓는 사람이 승리합니다.

게임을 하려면 알아야 할 것

수	읽기		순서
1	일	하나	첫째
2	이	둘	둘째
3	삼	셋	셋째
4	사	넷	넷째
5	오	다섯	다섯째
6	육	여섯	여섯째
7	칠	일곱	일곱째
8	팔	여덟	여덟째
9	구	아홉	아홉째

게임을 하면서 배우는 것

한 자리 자연수 : '수의 체계'를 배웁니다. 숫자의 이름과 순서, 형태를 익히는 것인데, 앞으로 배울 수학을 위해서 반드시 알아야 하는 것입니다. 1학년 1학기에 배우는 9까지의 수를 학습할 수 있습니다. 1부터 9까지 숫자를 쓰는 방법과, 수의 순서를 익히고, 어떻게 읽는지 알 수 있습니다.

확인학습 １

1 수를 써 보세요.

1	2	3	4	5	6	7	8	9
1	2	3	4	5	6	7	8	9

2 수를 여러 가지 방법으로 읽어 보세요.

1	2	3	4	5	6	7	8	9
일								
하나								

3 과자의 수만큼 색칠해 보세요.

4 9까지의 수의 순서에 맞게 빈칸에 알맞은 말을 써넣으세요.

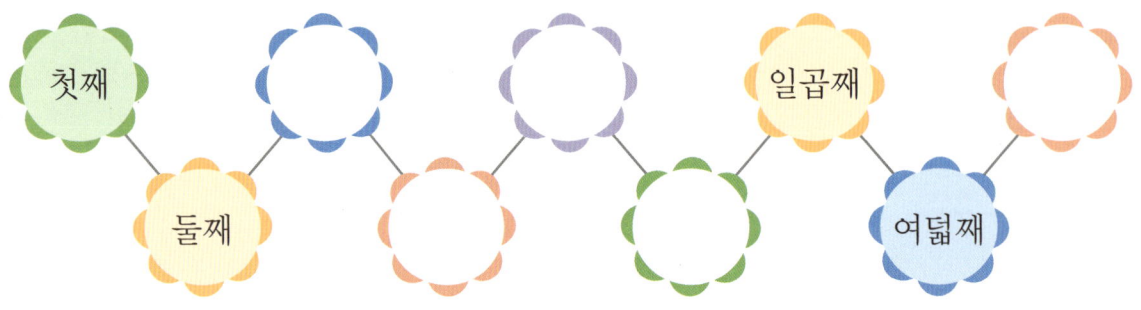

확인학습 ②

1 7인 것을 찾아 ○표 하세요.

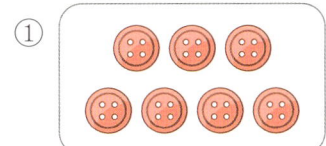 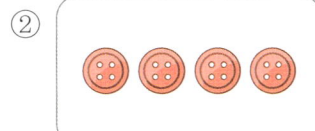 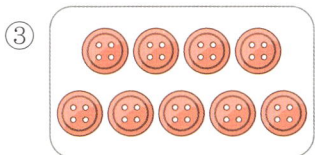

2 급식을 먹기 위해 줄을 서 있어요. 줄을 서 있는 순서를 알아보세요.

현지 　　진수 　　시은 　　시현 　　진홍 　　민정 　　강현

1) 시은이는 (둘째 / 셋째 / 넷째)로 줄을 서 있어요.
2) 강현이는 (여섯째 / 일곱째 / 여덟째)로 줄을 서 있어요.
3) 가장 먼저 밥을 먹을 수 있는 사람은 (　　　　)입니다.

3 순서를 거꾸로 써 보세요.

(9) (　) (　) (6) (　) (　) (3) (　) (　)

4 하나 더 많은 쪽에 ○표 하세요.

1)
2)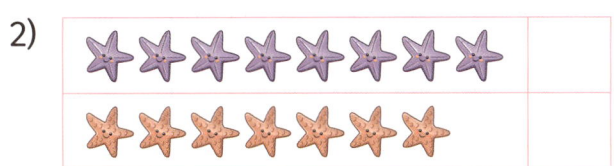

유형학습 １

1 그림을 보고 동물의 수만큼 ○를 그려 보세요.

1) 강아지

2) 토끼

2 4인 것을 찾아 ○표 하세요.

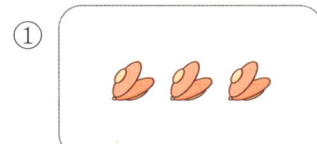 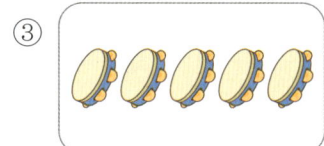

3 왼쪽에서부터 세 번째는 무슨 색깔일까요?

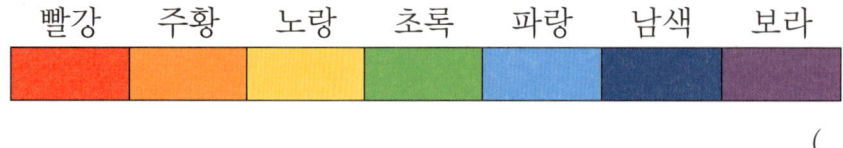

(   )

4 그림의 수보다 하나 더 많은 수를 빈칸에 써넣으세요.

1)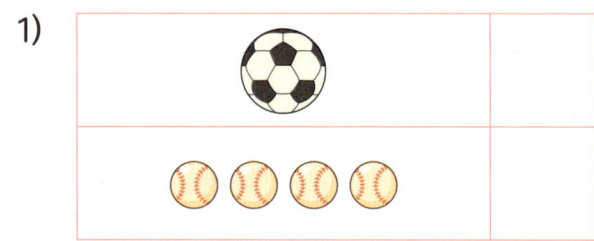

2)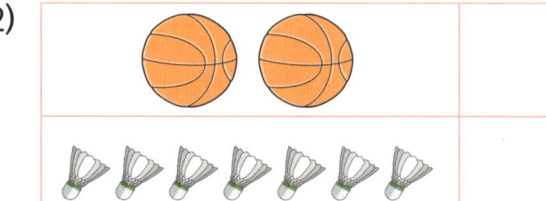

유형학습 ②

1 순서에 맞게 이어 보세요.

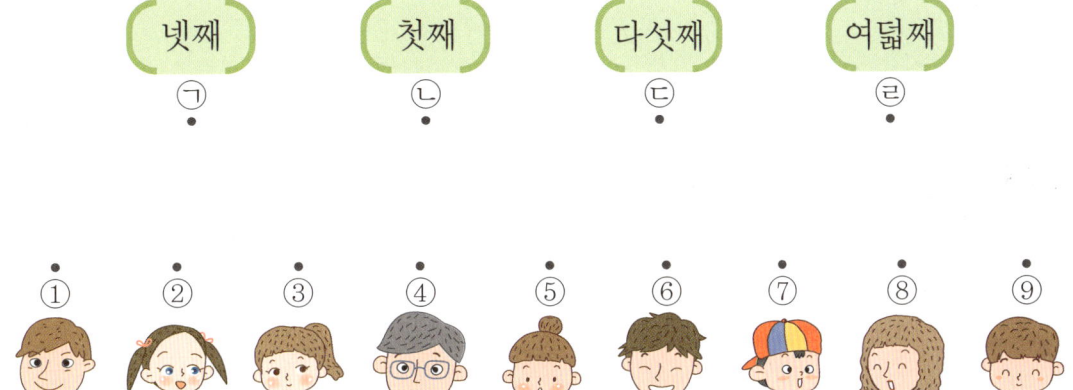

2 사과와 포도가 있습니다. 어느 것이 더 많습니까?

(   )가 (   )보다 많습니다.

3 (   ) 안에 알맞은 수를 써넣으세요.

4	♥♥♥♥
8	★★★★★★★★
7	🍇🍇🍇🍇🍇🍇🍇

1) 가장 작은 수는 (   )입니다.　　2) 가장 큰 수는 (   )입니다.

4 그림의 수보다 하나 더 적은 수를 빈칸에 써넣으세요.

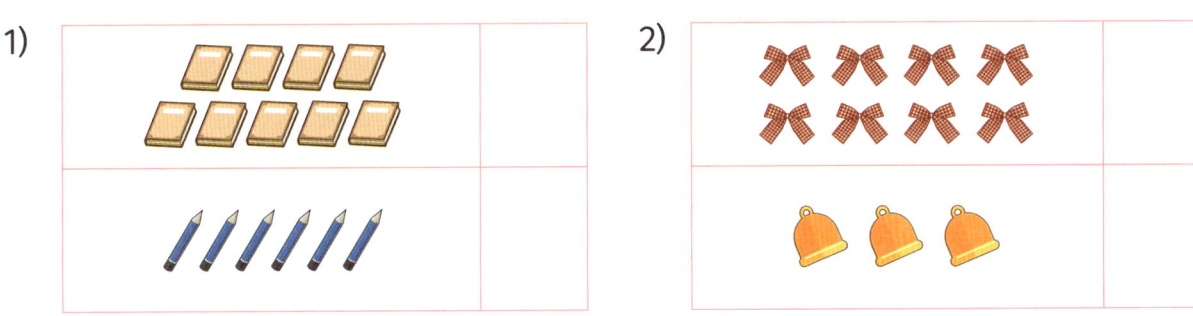

꼬리잡기 게임

다음 칸에 올 숫자 카드를 찾으면 한 칸씩 앞으로.
상대편 말을 쫓아가 잡으면 승리!

게임 준비물 10, 11, 12, 13, 14, 15, 16, 17, 18, 19, 20, 30, 40, 50, 60, 70, 80, 90 숫자 카드 열여덟(18) 장을 각각 두(2) 장씩(빨강, 검정) 모두 서른여섯(36) 장, 말 두(2) 개

게임 방법
1. 빨강 숫자 카드를 동그라미 모양에 순서대로 놓습니다.
2. 검정 숫자 카드는 잘 섞고 숫자가 보이지 않도록 뒤집어서 가운데 놓습니다.
3. 한 명은 빨강 10에, 다른 한 명은 빨강 19에 각각 말을 두고 시작합니다.
4. 번갈아가며 검정 숫자 카드를 한(1) 장씩 뒤집어 다음 칸에 있는 숫자가 나오면 말을 앞으로 보내고, 뒤집은 카드는 다시 원래대로 뒤집어 놓습니다.
5. 숫자를 찾으면 또 카드를 뒤집어 볼 수 있고, 찾지 못하면 기회는 상대편으로.
6. 상대방의 말을 잡으면 이깁니다.

게임을 하려면 알아야 할 것

0	아무 것도 없는 것을 0이라고 쓰고, '영'이라고 읽습니다.
10	9보다 1 큰 수를 10(십)이라고 합니다.
십 몇	열(10) 개씩 묶음 한(1) 개와 낱개 몇 개를 십 몇이라고 합니다.	11 십일-열(10) 개씩 묶음 한(1) 개와 낱개 한(1) 개를 11이라고 합니다. 12 십이-열(10) 개씩 묶음 한(1) 개와 낱개 두(2) 개를 12라고 합니다. 13 십삼-열(10) 개씩 묶음 한(1) 개와 낱개 세(3) 개를 13이라고 합니다. 14 십사-열(10) 개씩 묶음 한(1) 개와 낱개 네(4) 개를 14라고 합니다. 15 십오-열(10) 개씩 묶음 한(1) 개와 낱개 다섯(5) 개를 15라고 합니다. 16 십육-열(10) 개씩 묶음 한(1) 개와 낱개 여섯(6) 개를 16이라고 합니다. 17 십칠-열(10) 개씩 묶음 한(1) 개와 낱개 일곱(7) 개를 17이라고 합니다. 18 십팔-열(10) 개씩 묶음 한(1) 개와 낱개 여덟(8) 개를 18이라고 합니다. 19 십구-열(10) 개씩 묶음 한(1) 개와 낱개 아홉(9) 개를 19라고 합니다.
몇 십	열(10) 개씩 묶음 몇 개를 몇 십이라고 합니다.	20 이십-열(10) 개씩 묶음 두(2) 개를 20이라고 합니다. 30 삼십-열(10) 개씩 묶음 세(3) 개를 30이라고 합니다. 40 사십-열(10) 개씩 묶음 네(4) 개를 40이라고 합니다. 50 오십-열(10) 개씩 묶음 다섯(5) 개를 50이라고 합니다. 60 육십-열(10) 개씩 묶음 여섯(6) 개를 60이라고 합니다. 70 칠십-열(10) 개씩 묶음 일곱(7) 개를 70이라고 합니다. 80 팔십-열(10) 개씩 묶음 여덟(8) 개를 80이라고 합니다. 90 구십-열(10) 개씩 묶음 아홉(9) 개를 90이라고 합니다.

게임을 하면서 배우는 것

0과 두 자리 수 : 1학년 1학기에 등장하는 0을 배웁니다. 또한 1학년 1학기, 1학년 2학기에 등장하는 100까지의 수를 이번 게임과 다음 게임에 나눠서 배우게 되는데, 이 게임에서는 '십 몇'과 '몇 십' 단위 숫자의 순서와 이름을 배웁니다.

확인학습 1

1 ( ) 안에 알맞은 수를 써넣으세요.

( )   ( )   ( )   ( )   ( )

2 10개가 되도록 색칠해 보세요.

3 10개씩 묶어보고 ☐ 안에 알맞은 수를 써넣으세요.

1) 10개씩 ☐ 묶음과 낱개 ☐ 개입니다.

2) 10개씩 ☐ 묶음과 낱개 ☐ 개입니다.

4 다음 숫자를 두 가지 방법으로 바르게 읽어 보세요.

10	20	30	40	50	60	70	80	90
	이십				육십			구십
열			마흔			일흔		

확인학습 ❷

1 ( ) 안에 알맞은 수를 써넣으세요.

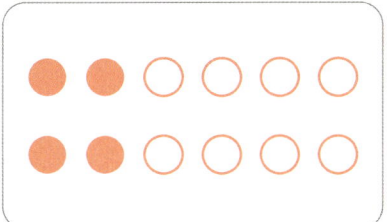

1) (   )   2) (   )   3) (   )   4) (   )

2 10개가 되도록 색칠해 보세요.

3 ☐ 안에 알맞은 수를 써넣으세요.

1) 10개씩 3묶음은 ☐입니다.
2) 10개씩 7묶음은 ☐입니다.
3) 10개씩 ☐묶음은 20입니다.
4) 10개씩 ☐묶음은 60입니다.

4 10부터 19까지의 수를 쓰고 읽어 보세요.

10	11		13	14		16		18	
십		십이			십오	십육			십구
	열둘			열넷			열일곱		

17

유형학습 ①

1 빵이 3개 있었습니다. 채윤이가 빵을 모두 먹었습니다. 그렇다면 남아 있는 빵은 몇 개일까요?

(   )개

2 10을 바르게 가르기 해 보세요.

1) 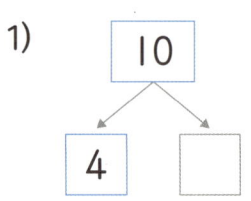　　　　2)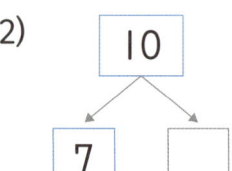

3 모으기를 해 빈 곳에 알맞은 수를 써넣으세요.

1) 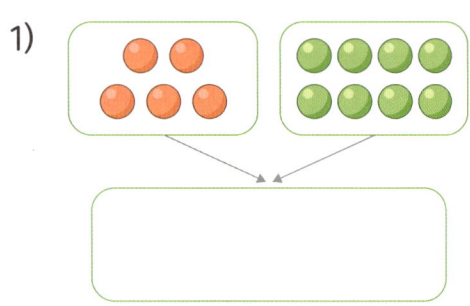　　　　2)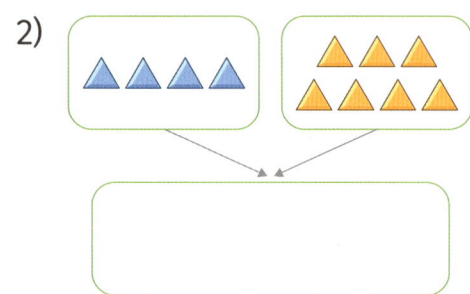

4 우리 반 아이들이 다같이 소풍을 갔습니다. 도시락을 먹기 위해 10명씩 앉았더니 3모둠이 되었습니다. 우리 반 아이들은 모두 몇 명일까요?

(   )명

5 시은이네 집에는 동화책이 10권 있습니다. 할머니께서 시은이에게 동화책 4권을 선물로 주셨습니다. 그렇다면 시은이네 집에 동화책은 모두 몇 권이 되었을까요?

(   )권

유형학습 ②

1 안경을 쓴 사람의 수를 써 보세요.

(   )명

2 10이 되도록 모으기를 해 보세요.

1)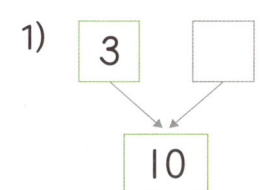
2)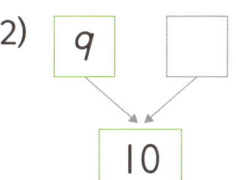

3 가르기를 해 빈 곳에 알맞은 수를 써넣으세요.

1)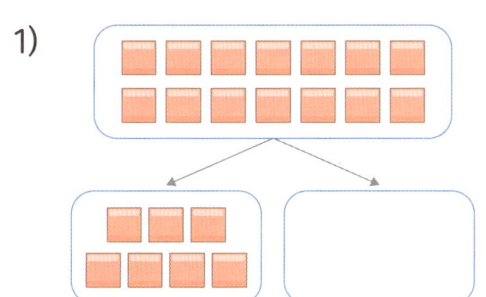
2)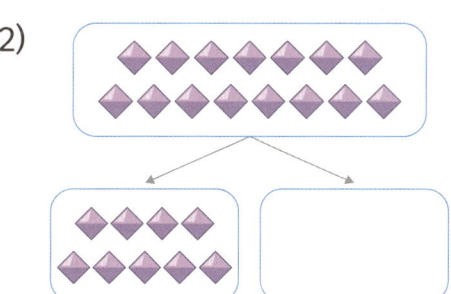

4 주혁이가 올해 세운 계획은 매달 책 10권 읽기 입니다. 주혁이가 6월까지 잘 실천한다면, 1월부터 6월까지 읽은 책은 모두 몇 권일까요?

(   )권

5 지수가 수학 문제 10문제를 풀었습니다. 잠시 쉬었다가 7문제를 더 풀었다면, 지수가 오늘 푼 수학 문제는 모두 몇 문제일까요?

(   )문제

공격 방어 게임

뽑은 두 카드 사이의 숫자를 버리는 게임.
카드를 먼저 다 버리면 승리!

게임 준비물 1~100 숫자 카드 백(100) 장(검정)

게임 방법
1. 카드를 잘 섞고 한 사람당 열두(12) 장씩 나눕니다.
2. 숫자가 보이지 않게 뒤집어서 늘어놓습니다. 나머지 카드는 쓰지 않습니다.
3. '공격'과 '방어'의 순서를 정하고 '공격' 순서인 사람은 상대의 카드 중 한(1) 장을 뽑아 가운데 놓고 자신의 카드 중에서도 한(1) 장을 뽑아 그 옆에 둡니다.
4. '방어'는 카드를 뒤집어 보고 두 숫자 사이의 숫자를 골라 공격자에게 줍니다.
5. '공격'은 '방어'가 준 카드를 자신의 카드와 섞어서 다시 늘어놓습니다.
6. '공격'과 '방어'의 카드 중에서 뽑은 두(2) 장의 카드는 따로 모아 둡니다.
7. 자신의 카드를 먼저 다 버린 사람이 이깁니다.

게임을 이기기 위해서 알아야 할 것

10 십	20 이십	30 삼십	40 사십	50 오십	60 육십	70 칠십	80 팔십	90 구십
11 십일	21 이십일	31 삼십일	41 사십일	51 오십일	61 육십일	71 칠십일	81 팔십일	91 구십일
12 십이	22 이십이	32 삼십이	42 사십이	52 오십이	62 육십이	72 칠십이	82 팔십이	92 구십이
13 십삼	23 이십삼	33 삼십삼	43 사십삼	53 오십삼	63 육십삼	73 칠십삼	83 팔십삼	93 구십삼
14 십사	24 이십사	34 삼십사	44 사십사	54 오십사	64 육십사	74 칠십사	84 팔십사	94 구십사
15 십오	25 이십오	35 삼십오	45 사십오	55 오십오	65 육십오	75 칠십오	85 팔십오	95 구십오
16 십육	26 이십육	36 삼십육	46 사십육	56 오십육	66 육십육	76 칠십육	86 팔십육	96 구십육
17 십칠	27 이십칠	37 삼십칠	47 사십칠	57 오십칠	67 육십칠	77 칠십칠	87 팔십칠	97 구십칠
18 십팔	28 이십팔	38 삼십팔	48 사십팔	58 오십팔	68 육십팔	78 칠십팔	88 팔십팔	98 구십팔
19 십구	29 이십구	39 삼십구	49 사십구	59 오십구	69 육십구	79 칠십구	89 팔십구	99 구십구

게임을 하면서 배우는 것

100이하의 자연수 : 이번 게임에서는 1학년 1학기에 배우는 50까지의 수와, 1학년 2학기에 배우는 100까지의 수를 알 수 있습니다. 앞의 게임에서 배운 '십 몇'과 '몇 십'을 이용해서 '몇 십 몇' 형태의 숫자를 배웁니다.

확인학습 ❶

1 지갑에 들어 있는 돈은 모두 얼마인지 써 보세요.

예 (43)원   1) ( )원

2) ( )원   3) ( )원

2 더 큰 수에 ○표 하세요.

1) (37, 38)   2) (28, 45)   3) (61, 68)

3 가장 작은 수에 ○표 하세요.

1) (28, 41, 39)   2) (85, 67, 13)   3) (54, 63, 72)

4 수 배열표를 보고 수의 순서를 알맞게 적어 보세요.

1	2	3	4	5	6	7	8	9	10
11			14		16			19	
	22			25		27			30
31	32		34				38		40
		43		45	46			49	

5 25보다 크고 30보다 작은 수를 모두 찾아 ○표 하세요.

25 26 27 28 29 30 31 32

확인학습 ❷

1 수를 읽고 빈칸에 알맞은 수를 써넣으세요.

예)
36	10개씩	낱개
	3개	6개

1)
23	10개씩	낱개
	개	개

2)
74	10개씩	낱개
	개	개

3)
58	10개씩	낱개
	개	개

2 더 작은 수에 ○표 하세요.

1) (28, 22)　　2) (36, 75)　　3) (45, 47)

3 가장 큰 수에 ○표 하세요.

1) (64, 58, 79)　　2) (34, 25, 81)　　3) (17, 91, 43)

4 수 배열표를 보고 수의 순서를 알맞게 적어 보세요.

51				55			58	59	
			64		66				70
	72					77	78		
		83	84					89	
	92				96				100

5 38보다 크고 41보다 작은 수는 모두 몇 개일까요? 빈칸을 채워 문제를 풀어 보세요.

| 35 | | | 38 | | 40 | | |

(　　　)개

유형학습 1

1 주어진 숫자를 두 가지 방법으로 읽어 보세요.

31	32	33	34	35
삼십일				
서른하나				

2 관계가 있는 것끼리 이어 보세요.

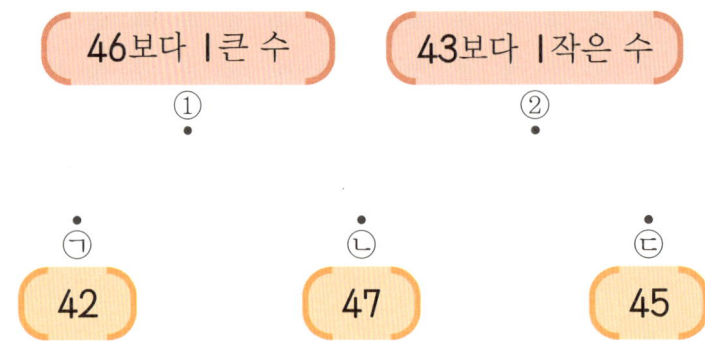

3 우리 반에는 출석 번호가 1번부터 30번까지 있습니다. 출석 번호대로 자리에 앉으려고 할 때, 22번인 친구는 몇 번과 몇 번 친구 사이에 앉아야할까요?

( )번과 ( )번 사이

4 찬우와 채은이가 줄넘기를 하고 있습니다. 찬우는 64개, 채은이는 68개를 했습니다. 줄넘기를 더 많이 한 아이는 누구일까요?

( )

5 이모는 41살, 삼촌은 36살, 고모는 38살입니다. 나이가 가장 많은 사람은 누구인가요?

( )

유형학습 ②

1 주어진 수를 두 가지 방법으로 읽어 보세요.

36	37	38	39	40
삼십육				
서른여섯				

2 관계가 있는 것끼리 이어 보세요.

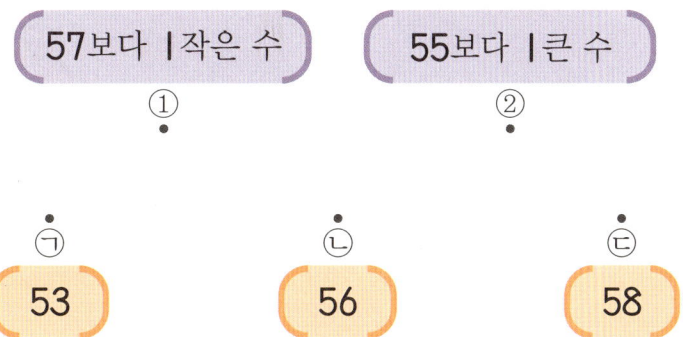

3 시우가 책을 읽고 정리를 하려고 합니다. 전집은 1번부터 60번까지 순서대로 꽂혀 있습니다. 시우가 읽은 47번 책은 몇 번 책과 몇 번 책 사이에 꽂아야 할까요?

( )번과 ( )번 사이

4 민정이는 종이학을 82마리를 접었습니다. 민선이는 10개씩 8묶음과 낱개 6마리를 접었습니다. 종이학을 더 많이 접은 아이는 누구일까요?

( )

5 딸기 48개, 사과 36개, 자몽 20개가 있습니다. 개수가 가장 적은 과일은 무엇인가요?

( )

천생연분 찾기 게임

두 카드에 적힌 수의 합이 10이면 갖는 게임.
카드의 수와 자리를 잘 기억하면 좋아요!

게임 준비물 0~9 숫자 카드 열(10) 장을 각각 두(2) 장씩(빨강, 검정) 모두 스무(20) 장

게임 방법
1. 스무(20) 장의 카드를 숫자가 보이지 않도록 뒤집어서 겹치지 않게 바닥에 펼쳐 놓습니다.
2. 자기 차례가 되면 카드를 두(2) 장 뒤집어서 카드에 적힌 수를 더합니다.
3. 합이 10이 되면 뒤집은 사람이 카드를 가져갑니다.
4. 합이 10이 되지 않으면 다시 원래대로 뒤집어 놓습니다.
5. 바닥에 0 카드만 남으면 게임은 끝나고, 카드를 많이 가진 사람이 이깁니다.

게임을 하려면 알아야 할 것

모으기 :
두 수를 하나의 수로 모읍니다.
2와 5를 모으면 7일 됩니다.
와 를 모으면 ◉◉◉◉◉◉◉ 이 됩니다.

더하기는 +, 같다는 =로 나타냅니다.
2+5=7, 2더하기 5는 7과 같습니다.

어떤 수에 0을 더하면 어떤 수입니다. 3+0=3
0에 어떤 수를 더하면 어떤 수입니다. 0+3=3

〈보기〉의 그림처럼 두 수를 모으면 몇이 되는지 세어 보고 □에 알맞은 수를 적어 보세요.

〈보기〉

1+9 =10   1더하기 9는 10과 같습니다.
2+8 =□   2더하기 8은 □과 같습니다.
3+7 =□   3더하기 7은 □과 같습니다.
4+6 =□   4더하기 6은 □과 같습니다.
5+5 =□   5더하기 5는 □과 같습니다.

게임을 하면서 배우는 것

한 자리 수의 덧셈 : 이번 게임은 1학년 1학기에 배우는 덧셈과 뺄셈 중에서 덧셈을 활용해요. 그 중에서도 받아올림이 없는 한 자리 수의 덧셈을 많이 해요. 연산은 초등학교 수학에서 가장 중요한 단원이에요. 연산을 잘 잡아두면 중고등학교에 올라가서도 계산 실수가 적죠. 그렇다고 연산만 무턱대고 반복하다보면 수학 과목 자체에 흥미를 잃기 쉬워요. 그렇기 때문에 게임으로 계속 반복해 주면 좋아요.

확인학습 ❶

1 아래와 같이 하면 사탕은 모두 몇 개일까요?   (   )개

자두 맛 사탕 4개와 청포도 맛 사탕 3개를 더하자.

4 더하기 3   4+3

2 그림을 보고 (   ) 안에 알맞은 수를 써넣으세요.

1) 2+(   )   2) 3+(   )   3) 4+(   )

3 그림을 보고 빈 곳에 알맞은 수를 써넣으세요.

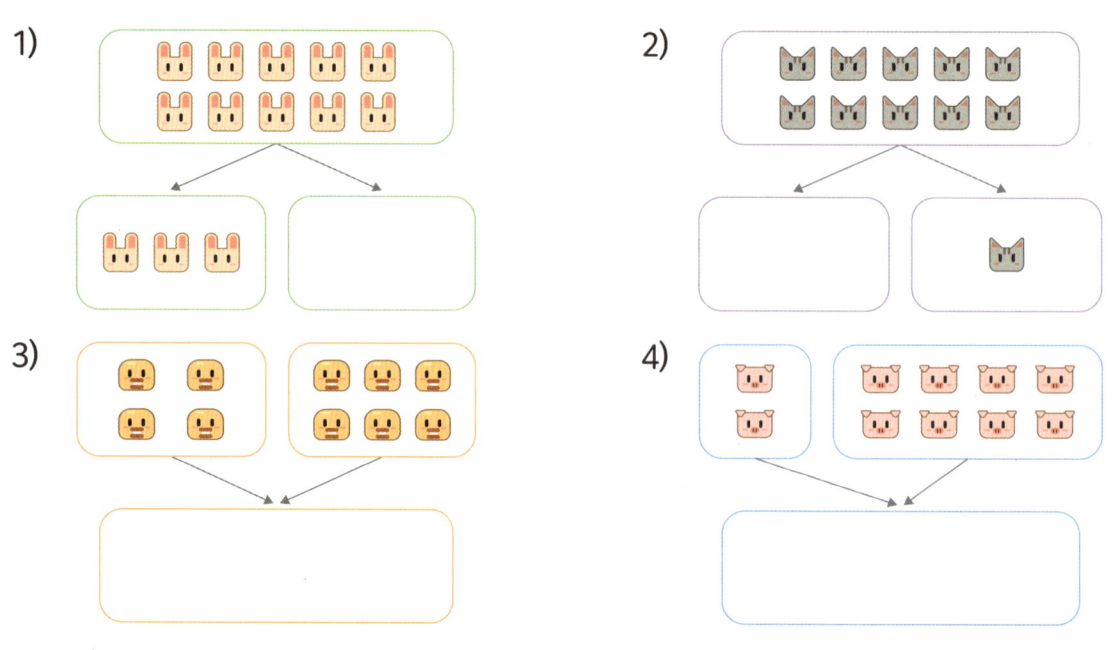

확인학습 ②

빈 곳에 알맞은 수를 써넣어 잎과 뿌리를 완성하세요.

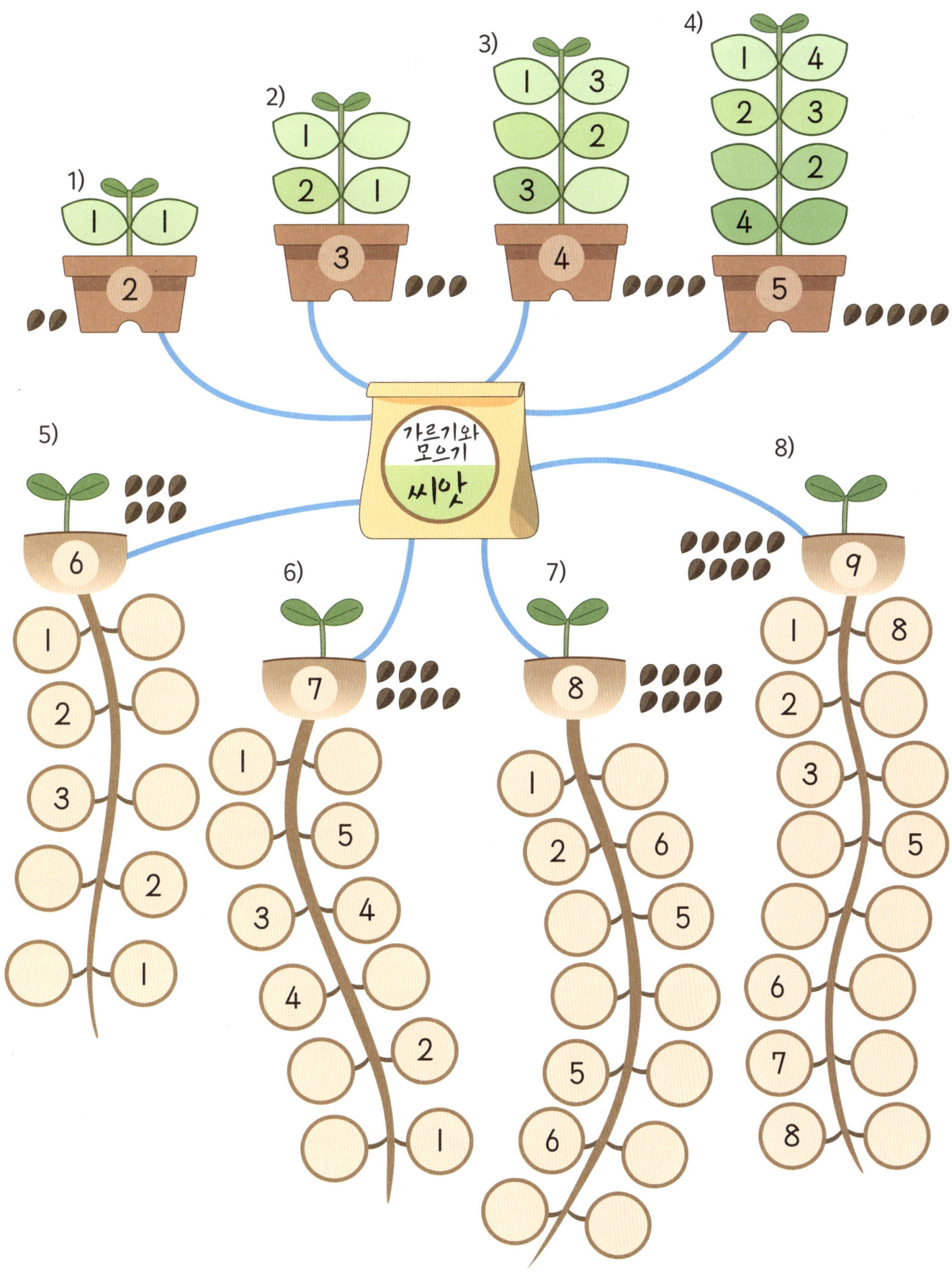

유형학습 1

1 덧셈식을 읽어 보세요.

예) 3+5   1) 4+2   2) 1+8

(3 더하기 5)   (   )   (   )

2 덧셈을 하세요.

1) 1+4=(   )   2) 2+6=(   )   3) 7+2=(   )

3 다음을 덧셈식으로 써 보세요.

1) 4 더하기 3는 7과 같습니다. _____

2) 3 더하기 4는 7과 같습니다. _____

4 다음을 읽고 현지의 손에 든 과자는 모두 몇 봉지인지 덧셈식으로 나타내세요.

> 현지는 과자 2봉지를 갖고 있었는데, 진수가 현지에게 과자 1봉지를 주었습니다.

(   )+(   )=(   )

5 두 어린이가 가지고 있는 케이크 조각의 수를 비교하여 알맞은 말에 ○표 하세요.

> 주희: 난 딸기 케이크 2조각과 초코 케이크 6조각이 있어.
> 소희: 난 딸기 케이크 5조각과 초코 케이크 3조각이 있어.

두 어린이가 가지고 있는 케이크의 수는 (같습니다 / 다릅니다)

유형학습 ❷

1 서로 같은 것을 찾아 이어 보세요.

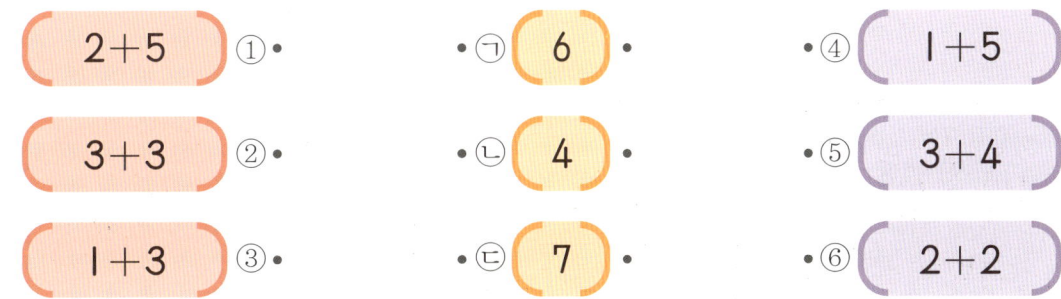

2 두 주사위의 눈을 모으면 몇이 될까요?

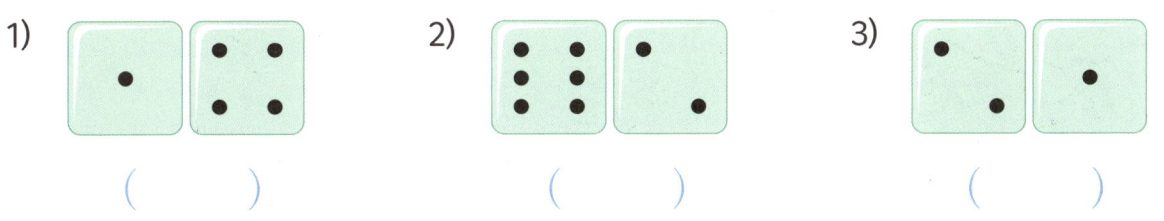

1) (   )   2) (   )   3) (   )

3 주완이는 연필을 1자루, 지수는 연필을 9자루 가지고 있습니다. 두 어린이가 가진 연필을 모으면 모두 몇 자루입니까?

(   )자루

4 다음 중 두 수를 모아서 9가 되지 않는 것은 어느 것일까요? (   )

① 1+8　　② 3+4　　③ 2+7
④ 6+3　　⑤ 5+4

5 위와 아래의 두 수를 모아서 7이 되도록 빈칸에 알맞은 수를 써넣으세요.

7	예 1	1)	3	3)
	6	5	2)	3

카드 탑 가져가기 게임

카드를 한 장씩 뽑아 뒤집어 보는 게임.
문제를 맞히면 쌓인 카드는 모두 좋아요!

게임 준비물 1~100 숫자 카드 백(100) 장(검정), 문제 카드 스무(20) 장(1~20번),
조커 카드 네(4) 장, 모두 백스물네(124) 장

게임 방법
1. 100카드를 깔아 두고 나머지 카드를 잘 섞어서 같은 개수로 나눠 갖습니다.
2. 번갈아가며 카드를 한(1) 장씩 뽑아 앞면이 보이게 뒤집어 바닥에 놓습니다.
3. 숫자 카드가 나오면 카드를 쌓아 두고 상대방에게 차례를 넘깁니다.
4. 문제 카드가 나왔을 때 답을 아는 사람이 100카드 위에 손을 올립니다.
5. 답을 말해서 맞으면 쌓아 둔 카드를 모두 가져가 자기의 카드와 합합니다.
6. 조커 카드가 나오면 100카드에 손을 먼저 올린 사람이 쌓아 둔 카드를 모두 갖습니다.
7. 한 사람의 카드가 다 없어지면 끝나고 카드를 더 많이 가진 사람이 이깁니다.
8. 1~50으로 숫자 카드의 개수를 줄여서 할 수 있습니다.

게임을 하려면 알아야 할 것

주머니 속의 동전이 모두 얼마인지 알려면 어떻게 해야 할까요?

위 그림의 경우 10원짜리가 왼쪽에 두(2) 개, 오른쪽에 네(4) 개가 있어서 총 여섯(6) 개, 1원짜리는 각각 세(3) 개, 한(1) 개씩 있어서 총 네(4) 개가 있습니다.

10원짜리의 액수로만 보면 60원이 있고, 1원짜리만 보면 4원이 있으니까 총 64원이 됩니다.

이처럼 십의 자리는 십의 자리끼리 덧셈을 하고, 일의 자리는 일의 자리끼리 덧셈을 합니다.

23+41은 일의 자리인 3과 1을 더한 4가 일의 자리 숫자가 되고, 십의 자리인 2와 4를 더해서 6이 십의 자리 숫자가 되어 64가 됩니다.

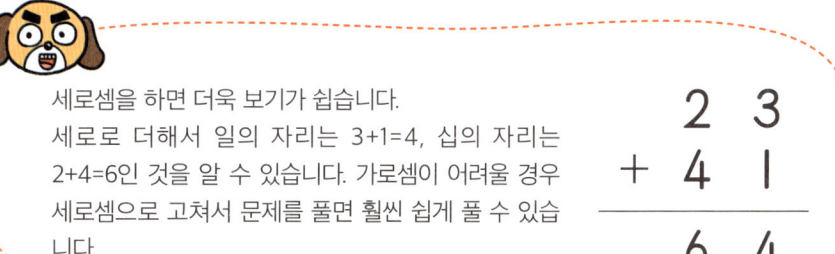

세로셈을 하면 더욱 보기가 쉽습니다.
세로로 더해서 일의 자리는 3+1=4, 십의 자리는 2+4=6인 것을 알 수 있습니다. 가로셈이 어려울 경우 세로셈으로 고쳐서 문제를 풀면 훨씬 쉽게 풀 수 있습니다.

게임을 하면서 배우는 것

두 자리 자연수의 덧셈 : 이번 게임에서는 1학년 2학기에 배우는 받아올림이 없는 두 자리 자연수와 한 자리 자연수의 덧셈, 받아올림이 없는 두 자리 자연수와 두 자리 자연수의 덧셈을 배웁니다.

확인학습 ①

덧셈을 하세요.

1) 3+20=

2) 9+20=

3) 2+30=

4) 1+40=

5) 2+50=

6) 7+50=

7) 2+60=

8) 6+60=

9) 1+80=

10) 4+70=

11) 7+31=

12) 6+92=

13) 15+1=

14) 2+16=

15) 51+5=

16) 20+30=

17) 40+10=

18) 60+10=

19) 50+20=

20) 16+21=

21) 38+10=

22) 42+16=

23) 55+31=

24) 63+25=

25) 74+22=

26) 31+28=

27) 13+36=

28) 33+15=

29) 48+11=

30) 54+14=

확인학습 ❷

덧셈을 하세요.

1) 10+3=

2) 10+7=

3) 10+2=

4) 20+4=

5) 20+7=

6) 30+6=

7) 60+8=

8) 50+6=

9) 70+1=

10) 72+4=

11) 91+8=

12) 94+2=

13) 42+7=

14) 7+51=

15) 3+35=

16) 40+20=

17) 50+30=

18) 60+10=

19) 20+70=

20) 30+40=

21) 16+32=

22) 53+24=

23) 47+11=

24) 67+32=

25) 54+41=

26) 17+62=

27) 53+31=

28) 81+17=

29) 33+41=

30) 57+30=

유형학습 １

1 그림을 보고 □ 안에 알맞은 수를 써넣으세요.

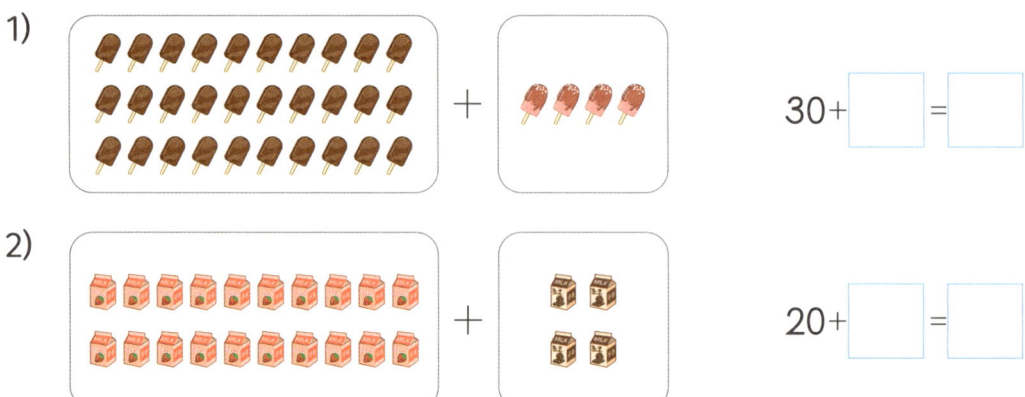

1) 30+□=□

2) 20+□=□

2 태린이는 어제 윗몸일으키기를 20개 했습니다. 오늘 8개를 했다면, 태린이가 어제 오늘 윗몸일으키기를 모두 몇 개 했을까요?

( )개

3 민재가 딸기를 13개 먹었습니다. 민재의 언니는 민재보다 딸기를 3개 더 먹었다고 하면, 민재의 언니가 먹은 딸기는 모두 몇 개일까요?

( )개

4 주어진 수 중 가장 큰 수와 가장 작은 수의 합은 얼마일까요?

32   18   54   71

( )

5 설문조사 결과 축구를 좋아하는 학생은 52명, 농구를 좋아하는 학생은 37명이었습니다. 설문조사에 참여한 사람이 모두 답했다면 학생은 모두 몇 명일까요?

( )명

유형학습 ❷

1 그림을 보고 □ 안에 알맞은 수를 써넣으세요.

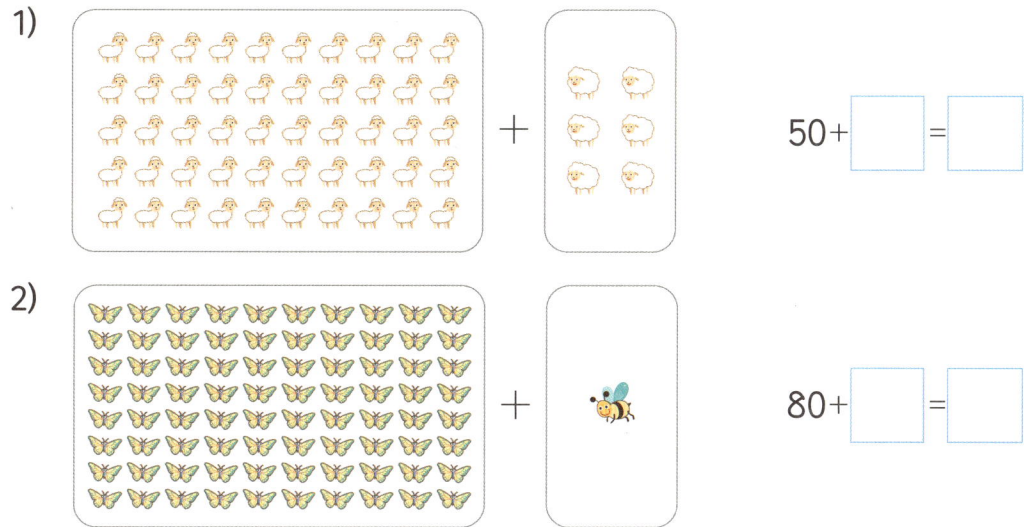

1) 50+ □ = □

2) 80+ □ = □

2 닭장에 닭 21마리와 병아리 13마리가 있습니다. 닭장에 있는 닭과 병아리는 모두 몇 마리일까요?

( )마리

3 우재는 지금까지 카드 41장 모았습니다. 카드 6장을 더 얻으면 우재의 카드는 모두 몇 장이 될까요?

( )장

4 주어진 수 중 가장 큰 수와 가장 작은 수의 합은 얼마일까요?

( )

5 가을이네 식구들이 다 같이 모여 고기만두를 42개, 김치만두를 31개를 빚었습니다. 가을이 식구들이 빚은 만두는 모두 몇 개일까요?

( )개

창과 방패 게임

공격과 수비가 동시에 카드 내는 게임.
두 수의 차로 점수 매겨서 낮으면 승리!

게임 준비물 0~9 숫자 카드 열(10) 장을 각각 두(2) 장씩(빨강, 검정) 모두 스무(20) 장

게임 방법
1. 0부터 9까지 카드를 같은 개수로 나누어 갖고 번갈아 가며 공격과 수비를 합니다.
2. 공격, 수비 모두 자신의 카드를 한(1) 장씩 골라서 동시에 바닥에 내려놓습니다.
3. 두 카드에 적힌 수의 차가 '수비'하는 사람의 점수가 됩니다.
4. 내려놓은 카드는 바닥에 차례대로 포개어 놓습니다.
5. 점수를 모두 더해서 더 낮은 사람이 승리합니다.

게임을 하려면 알아야 할 것

가르기 :
한 수를 두 수로 가릅니다.
7은 2와 5로 가를 수 있습니다.
🍪🍪🍪🍪🍪🍪🍪은 🍪🍪와 🍪🍪🍪🍪🍪로 가를 수 있습니다.
🍪🍪🍪🍪🍪🍪🍪은 🍪과 🍪🍪🍪🍪🍪🍪, 🍪🍪와 🍪🍪🍪🍪🍪, 🍪🍪🍪과 🍪🍪🍪🍪 등 여러 가지 방법으로 가를 수 있습니다.

> 7을 2와 5로 가를 수 있다는 말은, 7에서 2를 빼면 5가 되고, 7에서 5를 빼면 2가 된다는 말과 같습니다.
> '7에서 2를 빼면 5가 됩니다'는 '7에서 2를 빼면 5와 같습니다'와 '7-2=5', '7과 2의 차는 5입니다'와 같은 뜻입니다.

주어진 글이나 식에 맞춰서 〈보기〉처럼 10을 가르기 해 보세요.

〈보기〉	
10을 1과 9로 가를 수 있습니다.	🍪🍪🍪🍪🍪 / 🍪🍪🍪🍪🍪
10을 2와 8로 가를 수 있습니다.	🍪🍪🍪🍪🍪 🍪🍪🍪🍪🍪
10에서 3을 빼면 7이 됩니다.	🍪🍪🍪🍪🍪 🍪🍪🍪🍪🍪
10에서 4를 빼면 6과 같습니다.	🍪🍪🍪🍪🍪 🍪🍪🍪🍪🍪
10-5=5	🍪🍪🍪🍪🍪 🍪🍪🍪🍪🍪
10과 6의 차는 4입니다.	🍪🍪🍪🍪🍪 🍪🍪🍪🍪🍪

게임을 하면서 배우는 것

한 자리 수의 뺄셈 : 이번 게임에서는 1학년 1학기에 배우는 뺄셈을 연습합니다. 한 자리 숫자의 뺄셈을 잘 하게 되면 다음에 배울 두 자리 자연수의 뺄셈도 쉽게 해낼 수 있습니다. 바꿔 말하면, 이 부분이 약하면 두 자리 자연수의 뺄셈에서도 계산 방법은 알지만 답을 찾기 힘듭니다. 그러니 많은 반복을 통해서 내 것으로 만들어야 합니다.

확인학습 ❶

뺄셈을 하세요.

1) 8−7=
2) 6−2=
3) 9−8=
4) 7−4=
5) 9−3=
6) 5−1=
7) 8−2=
8) 8−6=
9) 7−5=
10) 5−3=
11) 4−2=
12) 3−1=
13) 8−2=
14) 7−1=
15) 2−1=

16) 6−4=
17) 9−7=
18) 5−2=
19) 8−3=
20) 5−4=
21) 9−2=
22) 5−1=
23) 6−3=
24) 6−2=
25) 8−5=
26) 9−4=
27) 7−3=
28) 8−5=
29) 4−3=
30) 8−4=

확인학습 ❷

뺄셈을 하세요.

1) 9−0=

2) 9−2=

3) 9−5=

4) 9−4=

5) 9−3=

6) 9−1=

7) 5−2=

8) 5−3=

9) 5−0=

10) 5−4=

11) 5−1=

12) 8−7=

13) 8−2=

14) 8−3=

15) 7−4=

16) 7−1=

17) 7−3=

18) 7−5=

19) 7−2=

20) 7−7=

21) 6−1=

22) 6−4=

23) 3−1=

24) 3−3=

25) 6−3=

26) 4−2=

27) 3−2=

28) 8−6=

29) 1−0=

30) 7−6=

유형학습 1

1 뺄셈을 하세요.

1) 7−2=☐   2) 5−0=☐

3) 6−3=☐   4) 8−1=☐

2 다음을 뺄셈식으로 써 보세요.

1) 6과 4의 차는 2입니다.

2) 8과 5의 차는 3입니다. _____

3 빈칸에 알맞은 수를 써넣으세요.

1) 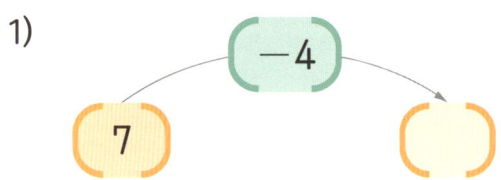   2)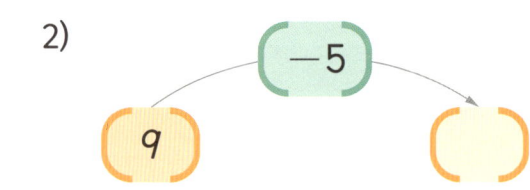

4 시은이네 집에는 소보로빵이 8개, 크림빵이 2개 있습니다. 소보로빵은 크림빵보다 몇 개 더 많은지 뺄셈식을 만들어 풀어 보세요.

식 _____   답 (_____)개

5 문제에 알맞은 뺄셈식을 만들고 물음에 답을 구하세요.

1) 주혁이는 8장의 색종이를 가지고 있습니다. 그 중 3장을 학을 접는 데에 쓰면, 남은 색종이는 모두 몇 장일까요?   식 ☐−☐=☐   답 (_____)장

2) 과자 상자에 과자가 5개 있었는데, 그 중 3개를 꺼내 먹었습니다. 과자 상자에는 몇 개의 과자가 남아 있을까요?   식 ☐−☐=☐   답 (_____)개

유형학습 ❷

1 뺄셈을 하세요.

1) 9−5=☐   2) 3−1=☐

3) 7−6=☐   4) 4−2=☐

2 다음을 뺄셈식으로 써 보세요.

1) 5와 2의 차는 3입니다. _____

2) 7과 2의 차는 5입니다. _____

3 빈칸에 알맞은 수를 써넣으세요.

1) 8 −2 →( )

2) 9 −0 →( )

4 원숭이가 6개의 바나나 중에서 5개를 먹었어요. 남아 있는 바나나는 모두 몇 개인지 뺄셈식을 만들어 풀어 보세요.

식 _____   답 ( )개

5 문제에 알맞은 뺄셈식을 만들고 물음에 답을 구하세요.

1) 빵이 4개가 있습니다. 동생에게 몇 개를 주었더니 1개가 남았습니다. 동생에게 몇 개를 주었을까요?   식 4−☐=☐   답 ( )개

2) 서점에서 책을 몇 권 사왔습니다. 사온 책 중에 2권을 읽고 나니 아직 안 읽은 책이 6권이 있습니다. 서점에서 사온 책은 몇 권일까요?   식 ☐−2=☐   답 ( )권

카드 탑 가져가기 게임2

카드를 한 장씩 뽑아 뒤집어 보는 게임.
뺄셈 문제를 맞히면 카드를 갖는다!

게임 준비물 1~100 숫자 카드 백(100) 장 (검정), 문제 카드 스무(20) 장(21~40번),
조커 카드 네(4) 장, 모두 백스물네(124) 장

게임 방법
1. 100카드를 깔아 두고 나머지 카드를 잘 섞어서 같은 개수로 나눠 갖습니다.
2. 번갈아가며 카드를 한(1) 장씩 뽑아 앞면이 보이게 뒤집어 바닥에 놓습니다.
3. 숫자 카드가 나오면 카드를 쌓아 두고 상대방에게 차례를 넘깁니다.
4. 문제 카드가 나왔을 때 답을 아는 사람이 100카드 위에 손을 올립니다.
5. 답을 말해서 맞으면 쌓아 둔 카드를 모두 가져가 자기의 카드와 합합니다.
6. 조커 카드가 나오면 100카드에 손을 먼저 올린 사람이 쌓아 둔 카드를 모두 갖습니다.
7. 한 사람의 카드가 다 없어지면 끝나고 카드를 더 많이 가진 사람이 이깁니다.
8. 1~50으로 숫자 카드의 개수를 줄여서 할 수 있습니다.

게임을 하려면 알아야 할 것

그림의 동전 중에서 23원을 꺼내면 얼마가 남는지 알려면 어떻게 해야 할까요? 그림에는 10원짜리 다섯(5) 개와 1원짜리 세(3) 개가 있습니다. 여기서 10원짜리 두(2) 개를 빼면 세(3) 개가 남습니다. 1원짜리 세(3) 개를 빼면 1원짜리는 하나도 남지 않아 영(0) 개가 됩니다. 남는 것은 10원짜리 세(3) 개가 전부가 되겠죠? 이렇게 일의 자리는 일의 자리끼리 빼고, 십의 자리는 십의 자리끼리 빼면 됩니다. 53-23은 일의 자리인 3에서 3을 뺀 0이 일의 자리가 되고, 십의 자리인 5에서 2를 뺀 3이 십의 자리가 되어 30이 됩니다.

세로셈을 하면 그림을 그리지 않고도 쉽게 알 수 있습니다. 가로셈을 할 때 53-23이 있다면, 왼쪽에 적혀있는 숫자를 위에, 오른쪽에 적혀있는 숫자를 아래에 적고 아래에 있는 숫자를 위에 있는 숫자에서 빼면 됩니다.

답을 구했을 때 숫자를 여러 가지 방법으로 읽으면서 복습을 하면 좋습니다. 예를 들어 23은 이십삼, 스물셋으로 읽어 보세요.
숫자를 여러 가지 단위와 함께 읽어 보는 것도 좋습니다. 스물한(21) 개, 스물한(21) 살, 마흔(40) 권. 여러 가지 개수를 세는 단위도 익힐 수 있습니다.

게임을 하면서 배우는 것

두 자리 수의 뺄셈 : 이번 게임에서 연습할 내용은 1학년 2학기에서 배우는 덧셈과 뺄셈 단원에 나오는 내용입니다. 그 중에서도 받아내림이 없는 두 자리 자연수의 뺄셈을 반복적으로 학습합니다.

확인학습 ❶

다음을 계산해 보세요.

1) 10−1=

2) 10−7=

3) 10−6=

4) 10−3=

5) 10−5=

6) 10−9=

7) 10−8=

8) 10−4=

9) 37−2=

10) 63−3=

11) 36−2=

12) 26−5=

13) 16−4=

14) 58−4=

15) 19−5=

16) 40−10=

17) 35−24=

18) 43−12=

19) 38−16=

20) 26−16=

21) 30−20=

22) 27−22=

23) 49−25=

24) 60−20=

25) 72−21=

26) 68−56=

27) 63−12=

28) 79−24=

29) 70−30=

30) 67−31=

확인학습 ❷

다음을 계산해 보세요.

1) 77-7=

2) 25-3=

3) 39-7=

4) 68-5=

5) 49-8=

6) 98-7=

7) 79-2=

8) 57-6=

9) 16-1=

10) 59-4=

11) 48-3=

12) 28-4=

13) 91-0=

14) 94-3=

15) 58-7=

16) 97-24=

17) 55-31=

18) 86-43=

19) 69-58=

20) 88-25=

21) 60-20=

22) 79-13=

23) 90-70=

24) 99-29=

25) 85-33=

26) 46-26=

27) 67-32=

28) 73-21=

29) 68-35=

30) 95-43=

유형학습 ①

1 준호가 놀이공원까지 지하철을 타고 19정거장을 가야합니다. 지금까지 4정거장을 지났습니다. 놀이공원에 도착하려면 앞으로 몇 정거장을 더 지나야할까요?

(　　　　)정거장

2 차가 15인 두 수는 무엇일까요? 찾아서 ○표 하세요.

3 ☐ 안에 알맞은 숫자를 써넣으세요.

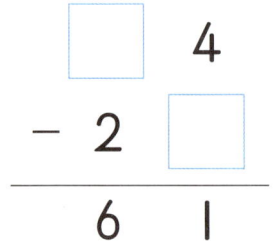

4 계산 결과가 큰 것부터 차례대로 번호를 쓰세요.

① 98-57　　② 76-41　　③ 69-30

(　　　　　　　　)

5 영화관에 85명의 관람객이 앉아 있었습니다. 영화가 끝나자마자 관객 62명이 나갔습니다. 영화관 안에 남아 있는 관객은 몇 명일까요?

(　　　　)명

유형학습 ❷

1 윤서의 나이는 3살이고, 사촌 언니의 나이는 18살입니다. 윤서와 사촌 언니의 나이 차이는 몇 살일까요?

( )살

2 차가 20인 두 수는 무엇일까요? 찾아서 ○표 하세요.

3 ☐ 안에 알맞은 숫자를 써넣으세요.

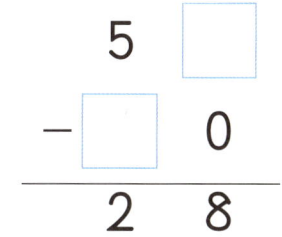

4 계산 결과가 작은 것부터 차례대로 번호를 쓰세요.

① 35-12   ② 48-26   ③ 77-53

( )

5 1반, 2반, 3반이 모여서 87명이 됐습니다. 3반 학생이 32명이라면 1반과 2반 학생을 합하면 몇 명일까요?

( )명

카드 막기 게임

두 장의 카드로 공격하면 합이 같은 카드로 방어하는 게임.
방어용 카드를 많이 찾는 게 중요!

게임 준비물 1~50 숫자 카드 오십(50) 장(검정)

게임 방법
1. 카드를 잘 섞어서 스물네(24) 장씩 나누어 가집니다. (나머지 두(2) 장은 사용하지 않습니다)
2. 자기 공격 차례에 카드 두(2) 장을 상대에게 보여 주며 냅니다.
3. 방어는 카드 두(2) 장의 합과 같은 카드를 내서 공격을 막습니다.
   (예를 들어 9와 7을 받았으면 15와 1이나 2, 4, 10을 내서 막을 수 있다)
4. 공격을 막지 못하면 카드를 버릴 수 없습니다.
5. 돌아가면서 공격과 방어를 반복합니다.
6. 손에 있는 카드를 먼저 다 내려놓은 사람이 이깁니다.

게임을 하려면 알아야 할 것

받아올림 계산하는 방법

1) 7+5를 계산할 때, 7+3이 10이 되므로 5를 3과 2로 가르기합니다. 그럼 7+5는 7+3+2가 되고, 앞에서부터 순서대로 계산하면 10+2=12로 쉽게 계산할 수 있습니다.

2) 25+17을 계산할 때, 25+5가 30이 되므로 17을 5와 12로 가르기합니다. 그럼 25+17은 25+5+12가 되어 30+12=42로 쉽게 계산할 수 있습니다.

3) 세로셈을 할 때, 받아올림이 생길 경우 받아올림하는 숫자를 숫자 위에 작게 적어 주세요. 그림처럼 적은 뒤, 일의 자리끼리 덧셈하고, 십의 자리끼리 덧셈하면 됩니다.

$$\begin{array}{r} 2\,5 \\ +\,1\,7 \\ \hline \end{array} \Rightarrow \begin{array}{r} \,{\scriptstyle 1} \\ 2\,5 \\ +\,1\,7 \\ \hline \,2 \end{array} \Rightarrow \begin{array}{r} {\scriptstyle 1} \\ 2\,5 \\ +\,1\,7 \\ \hline 4\,2 \end{array}$$

받아올림이 있는 덧셈에서는 1밖에 올라가지 않는답니다. 왜냐하면 가장 큰 숫자인 9와 9를 더해도 18밖에 안 돼서 20이상의 숫자가 나오지 않기 때문이에요.

일의 자리부터 계산하는 습관을 길러야 합니다. 십의 자리부터 계산하게 되면 나중에 받아내림이 있는 뺄셈이나 받아올림이 있는 덧셈을 공부할 때 받아내림/받아올림을 잊고 넘어가기 쉽습니다.

게임을 하면서 배우는 것

받아올림이 있는 덧셈 : 1학년 2학기에 배우는 덧셈과 뺄셈 중 덧셈 부분을 완벽하게 할 수 있습니다. 또, 2학년 1학기에 배우는 덧셈과 뺄셈 중 덧셈 부분을 알 수 있습니다. 2학년 1학기의 경우 답이 100보다 큰 경우가 있지만 계산하는 방법은 이번 게임에서 배우는 것과 같습니다. 게임을 반복하면 반복할수록 계산에 익숙해져서 여러 가지 방법으로 방어를 할 수 있습니다. 이 게임은 초등학교 1학년 수준이면 할 수 있지만 고등학생까지도 재미있게 할 수 있는 게임이에요.

확인학습 ①

계산해 보세요.

1) 6+7=

2) 5+8=

3) 8+4=

4) 9+3=

5) 2+9=

6) 7+8=

7) 4+9=

8) 5+6=

9) 8+3=

10) 5+7=

11) 9+9=

12) 17+3=

13) 18+9=

14) 15+8=

15) 16+5=

16) 18+7=

17) 25+8=

18) 27+4=

19) 28+3=

20) 21+9=

21) 34+49=

22) 37+45=

23) 42+38=

24) 57+27=

25) 36+36=

26) 27+36=

27) 28+14=

28) 35+28=

29) 16+56=

30) 39+19=

확인학습 ❷

계산해 보세요.

1) 5+7=

2) 6+8=

3) 4+9=

4) 9+5=

5) 6+6=

6) 7+8=

7) 9+2=

8) 4+7=

9) 6+9=

10) 17+4=

11) 21+9=

12) 25+8=

13) 34+7=

14) 28+8=

15) 37+4=

16) 29+6=

17) 35+8=

18) 19+4=

19) 19+19=

20) 27+34=

21) 26+38=

22) 17+15=

23) 29+13=

24) 42+39=

25) 36+38=

26) 54+27=

27) 66+17=

28) 27+44=

29) 39+35=

30) 28+47=

유형학습 1

1 빈칸에 알맞은 수를 써넣으세요.

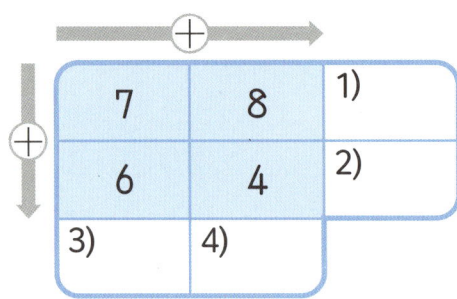

2 계산 결과가 더 큰 쪽에 ○표 하세요.

① 17+4 　　　　　　　　　② 16+6

3 합이 같은 것끼리 이어 보세요.

4 꽃 가게에 장미꽃이 4송이, 튤립이 9송이가 있습니다. 장미와 튤립을 합하면 모두 몇 송이일까요?

(　　　　)송이

5 유나는 17층에 있다가 엘리베이터를 타고 5층을 더 올라갔습니다. 유나는 지금 몇 층에 있을까요?

(　　　　)층

유형학습 ②

1 소윤이가 그림과 같은 카드로 공격을 했습니다. 두 카드의 합이 몇인 카드로 방어를 해야 할까요?

(   )

2 가로나 세로로 묶었을 때 덧셈식이 되는 세 수를 모두 찾아 식을 써 보세요.

17	14	33
6	8	14
25	22	47

식 _____

식 _____

식 _____

식 _____

3 합이 같은 것끼리 이어 보세요.

27+16 ①·   ·㉠ 28+18

37+9   ②·   ·㉡ 26+25

19+32 ③·   ·㉢ 34+9

4 다음을 계산하세요.

1) 3+5+4=   2) 4+7+9=

3) 12+9+8=   4) 17+6+15=

5 우리 반에 초코 우유를 좋아하는 남학생은 8명이고, 초코 우유를 좋아하는 여학생은 13명입니다. 우리 반에 초코 우유를 좋아하는 아이는 모두 몇 명일까요?

(   )명

차이를 줄여라 게임

공격 숫자와 차이가 적은 숫자로 방어하는 게임.
차이의 합계가 적은 사람이 승리!

게임 준비물 1~100 숫자 카드 백(100) 장(검정), 종이와 필기도구

게임 방법
1. 카드를 잘 섞어서 스무(20) 장씩 나누어 갖고, 나머지 카드는 사용하지 않습니다.
2. 번갈아 가며 공격과 방어를 반복합니다.
3. 자신의 차례가 되면 상대방에게 카드를 한(1) 장 보여 주면서 공격합니다.
4. 공격을 받으면, 상대의 카드와 차가 가장 작은 카드 한(1) 장을 내 방어합니다.
5. 이 때, 차가 점수가 되고, 손에 든 카드를 모두 사용하면 게임이 끝납니다.
6. 게임이 끝났을 때 점수가 더 낮은 사람이 승리합니다.

 예를 들어 카드가 32와 8이 있을 때, 21로 공격을 받는다면, 32와 21의 차는 11이고, 21과 8의 차는 13이에요. 이 때는 21로 방어하는 것이 좋겠죠?

게임을 하려면 알아야 할 것

받아내림이 있는 뺄셈을 하는 방법(31-13 계산하기)

1) 사과 31개 중 13개를 먹었습니다. 먹은 개수만큼 ×표 하세요.

2) 31-1-12로 가르기 합니다. 앞에서부터 계산합니다. 30-12=18

3) 31-3-10으로 가르기 합니다. 28-10=18

4) 세로셈 하기

① 1에서 3을 뺄 수 없으므로 십의 자리에서 한 개 가져옵니다. (31을 20+10+1로 가르기)

② 일의 자리가 11이 됐으므로 3을 빼서 일의 자리가 8이 됩니다.

③ 20-10은 10이므로, 십의 자리는 1이 됩니다.

④ 십의 자리가 1, 일의 자리가 8이므로 답은 18이라는 것을 알 수 있습니다.

게임을 하면서 배우는 것

받아내림이 있는 뺄셈: 2학년 1학기의 덧셈과 뺄셈 단원에서 배우는 받아내림이 있는 뺄셈을 연습합니다. 받아올림과 받아내림은 굉장히 중요해요. 계산에서 실수할 가능성이 높으니 꾸준하게 연습을 하는 것이 중요합니다.

확인학습 ①

계산해 보세요.

1) 24-7=

2) 18-9=

3) 32-5=

4) 47-9=

5) 13-5=

6) 16-9=

7) 17-8=

8) 11-5=

9) 12-3=

10) 22-9=

11) 26-8=

12) 15-7=

13) 31-4=

14) 13-7=

15) 33-6=

16) 47-28=

17) 66-19=

18) 34-26=

19) 84-17=

20) 36-29=

21) 72-34=

22) 81-27=

23) 63-56=

24) 45-17=

25) 75-38=

26) 42-16=

27) 34-15=

28) 67-39=

29) 44-28=

30) 56-28=

확인학습 ❷

계산해 보세요.

1) 17−9=

2) 23−8=

3) 16−8=

4) 33−6=

5) 24−7=

6) 31−5=

7) 27−8=

8) 42−6=

9) 81−3=

10) 55−9=

11) 12−5=

12) 23−9=

13) 46−9=

14) 51−7=

15) 14−8=

16) 46−39=

17) 52−17=

18) 36−28=

19) 73−47=

20) 66−19=

21) 57−38=

22) 73−64=

23) 24−16=

24) 87−49=

25) 61−37=

26) 58−19=

27) 42−15=

28) 63−27=

29) 54−39=

30) 62−36=

유형학습 ❶

1 표의 위쪽에 적힌 숫자와 왼쪽에 적힌 숫자의 차를 빈칸에 적어 보세요.

−	11	12	13	14	15	16
7						
9						

2 빈칸에 알맞은 수를 써넣으세요.

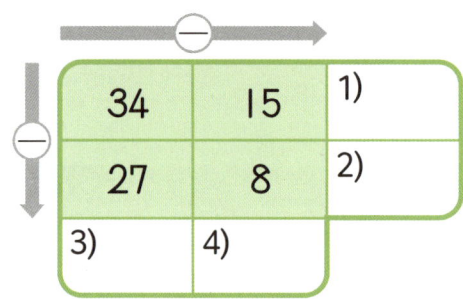

3 차가 같은 것끼리 이어 보세요.

4 7월 7일에 견우와 직녀가 만나기 위해서 까마귀와 까치 77마리가 모였습니다. 그 중 까마귀가 39마리입니다. 까치는 몇 마리일까요?

( )마리

5 이모는 올해 27살이고, 이모부는 34살이에요. 이모부는 이모보다 몇 살 더 많을까요?

( )살

유형학습 ❷

1 빈칸에 알맞은 수를 써넣으세요.

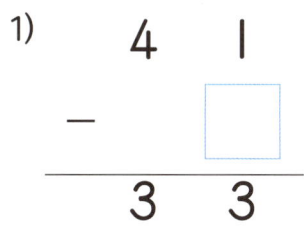   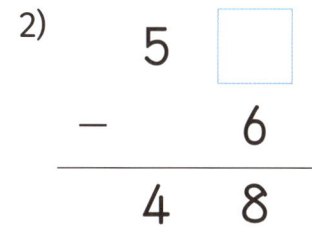   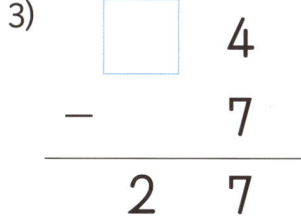

2 차가 더 작은 쪽에 색칠 하세요.

① 35−18   ② 51−36

3 가로나 세로로 묶었을 때 뺄셈식이 되는 세 수를 모두 찾아 식을 써 보세요.

62	38	34
46	19	27
16	19	11

식 _____

식 _____

식 _____

4 다음 이야기를 읽고, 호랑이가 떡을 몇 개나 먹었는지 적어 보세요.

어느 날, 어머니가 장터에서 팔다가 남은 떡 35개를 갖고 집으로 돌아오던 중 호랑이를 만났어요! 호랑이가 어머니께 '떡 하나 주면 안 잡아먹지'라고 하자, 어머니는 벌벌 떨며 떡을 하나 주었어요. 그 다음에도 호랑이가 여러 차례 나타나서 그 때마다 떡을 먹었지요. 어머니가 바구니 안을 확인해보니, 떡이 19개 밖에 남지 않았어요.

(   )개

5 오른쪽 그림과 같이 숫자 카드를 3장 뽑았습니다. 카드에 적힌 숫자 중 가장 큰 수와 가장 작은 수의 차는 몇일까요?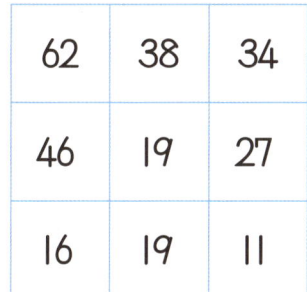

(   )

동네 한 바퀴 게임

주사위를 던져서 자리를 옮겨 가는 게임.
숫자와 기호 카드로 계산식 만들면 앞으로!

게임 준비물   1~100 숫자 카드 백(100) 장(검정), 조커 카드 다섯(5) 장, 연산 기호 카드
　　　　　　　 세(3) 장 (+, －, =)을 두(2) 장씩 카드는 모두 백열한(111) 장, 주사위, 말

**게임판
만들기**   숫자 카드 스물여섯(26) 장과 조커 카드 다섯(5) 장을 잘 섞고 뒤집어 늘어놓습니다.
나머지 숫자 카드 중에서 스물다섯(25) 장을 골라서 숫자가 보이도록 가운데
놓습니다. 나머지 카드는 쓰지 않습니다.

게임 방법
1. 주사위를 던져서 나온 수만큼 옮겨 간 자리에 있는 카드를 뒤집습니다.
2. 가운데 있는 숫자 카드와 +,－,= 카드를 이용해서 계산식을 만듭니다.
3. 식을 만들면 그 카드 자리로 말을 옮기고 상대에게 기회를 넘깁니다.
4. 식을 만들지 못하면 원래 자리에 그대로 있습니다.
5. 조커 카드를 뒤집으면 식을 만들지 않고 카드에 적힌대로 말을 옮깁니다.
6. 게임판을 만드는 카드나 조커 카드의 수는 늘리거나 줄일 수 있습니다.

게임을 하려면 알아야 할 것

1. 받아올림이 있는 덧셈에서의 세로셈

$$\begin{array}{r} 25 \\ +17 \\ \hline \end{array} \Rightarrow \begin{array}{r} {}^{1} \\ 25 \\ +17 \\ \hline 2 \end{array} \Rightarrow \begin{array}{r} {}^{1} \\ 25 \\ +17 \\ \hline 42 \end{array}$$

① 받아올림이 생길 경우 받아올림하는 숫자를 올리는 자리의 숫자 위에 작게 적어 주세요.
② 일의 자리끼리 덧셈하고, 십의 자리끼리 덧셈하면 됩니다.

2. 받아내림이 있는 뺄셈에서의 세로셈

$$\begin{array}{r} 31 \\ -13 \\ \hline \end{array} \Rightarrow \begin{array}{r} {}^{2}{}^{10} \\ 31 \\ -13 \\ \hline \end{array} \Rightarrow \begin{array}{r} {}^{2}{}^{10} \\ 31 \\ -13 \\ \hline 8 \end{array} \Rightarrow \begin{array}{r} {}^{2}{}^{10} \\ 31 \\ -13 \\ \hline 18 \end{array}$$

① 1에서 3을 뺄 수 없으므로 십의 자리에서 한 개 가져옵니다. (31을 20+10+1로 가르기)
② 일의 자리가 11이 됐으므로 3을 빼서 일의 자리가 8이 됩니다.
③ 20-10은 10이므로, 십의 자리는 1이 됩니다.

게임을 하면서 배우는 것

여러 가지 덧셈과 뺄셈 복습 : 1~2학년 수준의 덧셈과 뺄셈 단원에 대한 복습입니다. 특히 덧셈은 앞으로 배울 '곱셈'단원에서 아주 중요하게 쓰입니다. 다른 연산 게임을 종류별로 복습하지 않아도 이 단원에 모든 내용이 다 들어 있기 때문에 이 단원만 복습해도 충분한 효과를 거둘 수 있습니다.

확인학습 1

계산해 보세요.

1) 3+6=

2) 2+5=

3) 4+1=

4) 1+8=

5) 7-2=

6) 9-4=

7) 6-3=

8) 7-4=

9) 3-2=

10) 13+6=

11) 20+60=

12) 17+22=

13) 51+43=

14) 34+5=

15) 19+30=

16) 17-6=

17) 28-14=

18) 59-46=

19) 49-47=

20) 19+7=

21) 25+8=

22) 32+19=

23) 64+27=

24) 55+16=

25) 42-24=

26) 51-37=

27) 35-18=

28) 67-49=

29) 63-25=

30) 22-16=

확인학습 ❷

계산해 보세요.

1) 2+7=

2) 3+3=

3) 5+3=

4) 6+4=

5) 10-7=

6) 9-3=

7) 6-5=

8) 8-4=

9) 11+8=

10) 23+5=

11) 18+41=

12) 27+22=

13) 35+20=

14) 44+44=

15) 48-28=

16) 65-4=

17) 27-5=

18) 32-21=

19) 64-13=

20) 25+42=

21) 17+33=

22) 56+29=

23) 68+7=

24) 18+9=

25) 27-8=

26) 43-27=

27) 56-19=

28) 62-47=

29) 35-28=

30) 21-13=

유형학습 1

1 합과 차가 같은 것끼리 이어 보세요.

2 덧셈식에 맞게 ○를 그려넣고 ( )안에 알맞은 수를 써넣으세요.

$$19+7=(\qquad)$$

3 빈칸에 알맞은 숫자를 써넣으세요.

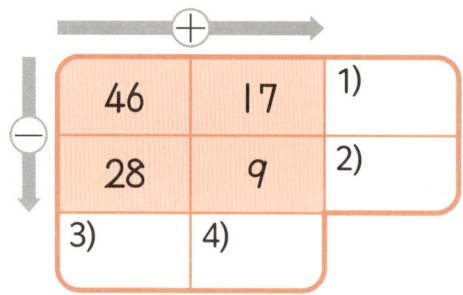

4 1부터 9까지의 숫자 카드를 겹치지 않게 사용해서 정해진 숫자를 만들려고 합니다. 카드에 들어갈 숫자는 몇인지 빈칸에 알맞은 숫자를 써넣으세요.

7 = ☐ + ☐ + ☐ ,   24 = ☐ + ☐ + ☐

유형학습 ❷

1 합이나 차가 같은 것끼리 이어 보세요.

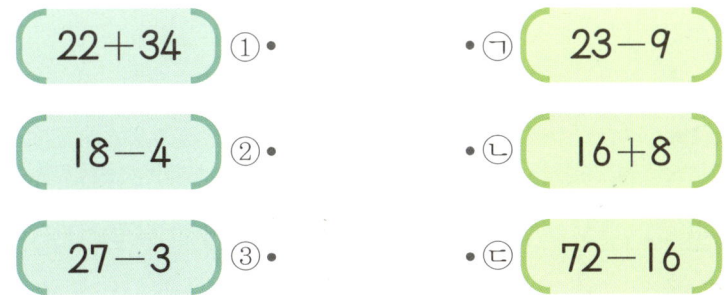

2 뺄셈식에 맞게 ×표 하고, (   )에 알맞은 수를 써넣으세요.

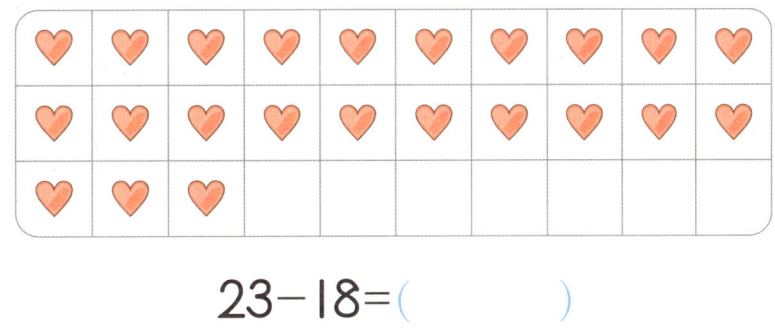

23-18=(   )

3 빈칸에 알맞은 숫자를 써넣으세요.

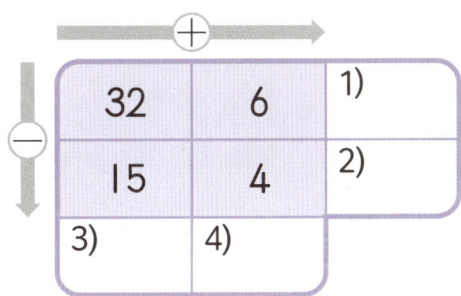

4 1부터 9까지의 숫자 카드를 겹치지 않게 사용해서 정해진 숫자를 만들려고 합니다. 카드에 들어갈 숫자는 몇인지 빈칸에 알맞은 숫자를 써넣으세요.

8 = ☐ + ☐ + ☐ ,   23 = ☐ + ☐ + ☐

친구들 모여라 게임

도형과 글자 카드 짝을 찾는 게임.
두 세트를 먼저 모으는 사람이 승리!

게임 준비물 기본 도형(점, 선분, 직선, 반직선, 각, 면) 카드 각각 한(1) 장, 글자 카드 각각 한(1) 장, 조커 카드 두(2) 장씩 모두 열네(14) 장

게임 방법
1. 카드를 잘 섞고 각자 카드를 네(4) 장씩 나눠 갖습니다.
2. 남은 카드는 보이지 않도록 뒤집어서 가운데 쌓아 두고 차례를 정합니다.
3. 자기 차례에 도형과 글자 카드의 짝을 찾는데 필요 없는 카드 한(1) 장을 가운데 카드 더미 속에 넣고, 맨 위의 다른 카드 한(1) 장을 가져옵니다.
4. 조커 카드를 내면 가운데 카드 더미에서 두(2) 장을 가져올 수 있습니다.
5. 각 도형과 글자 카드 한(1) 장씩, 두(2) 세트를 먼저 모으는 사람이 이깁니다.

게임을 하려면 알아야 할 것

이름		도형	설명
점		·	특정한 위치를 나타낸 것
선	선분	•———•	두 점을 곧게 이은 선
	반직선	•————	한 점에서 한쪽으로 끝없이 늘인 곧은 선
	직선	—————	양쪽으로 끝없이 늘인 곧은 선
각		∠	한 점에서 그은 두 반직선으로 이루어진 도형
면		□, ○ 등	무수히 많은 선이 모여서 이루어진 도형

게임을 하면서 배우는 것

도형의 이름 : 학교에 입학하면 제일 먼저 배우는 것은 '동그라미(원)', '세모(삼각형)', '네모(사각형)'이에요. 하지만 도형을 쉽게 공부하기 위해서는 도형을 이루는 것의 이름을 알아둘 필요가 있어요. 이 게임은 3학년 1학기 평면 도형에서 배우는 내용 중 일부인 '점, 선, 면'에 대해서 미리 배우는 게임이에요.

확인학습 ①

1 알맞은 것끼리 이어 보세요.

① 한 점에서 한쪽으로 끝없이 늘인 곧은 선 • • ㉠ 선분

② 두 점을 곧게 이은 선 • • ㉡ 직선

③ 양쪽으로 끝없이 늘인 곧은 선 • • ㉢ 반직선

2 선분을 찾아 ○표 하세요.

①    ②    ③

3 반직선을 찾아 ○표 하세요.

①    ②    ③

4 직선을 찾아 ○표 하세요.

①    ②    ③

5 각각의 도형 아래 빈칸에 선분, 반직선, 직선 가운데 알맞은 말을 써넣으세요.

1)
(   )

2)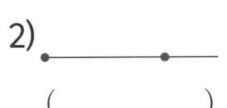
(   )

3)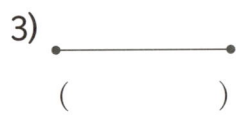
(   )

확인학습 ❷

1 다음 그림에서 ㈎, ㈏, ㈐가 뜻하는 것을 점, 각, 반직선 가운데 찾아 써넣으세요.

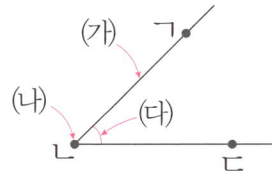

㈎ : _____

㈏ : _____

㈐ : _____

2 다음 도형에 나타난 각에 모두 ○표 하세요.

3 각 그림에 나타난 여러 가지 각도 중 직각에 모두 ○표 하세요.

1) 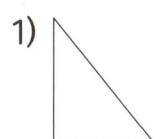　　2) 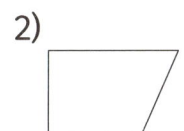　　3) 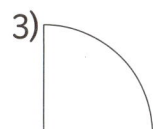　　4)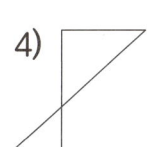

4 각의 수가 가장 많은 도형은 어느 것일까요?

① 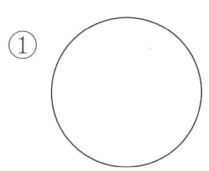　　② 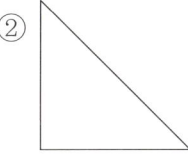　　③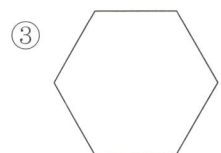

5 오른쪽 도형에는 각이 몇 개일까요?

(　　　　　)개

유형학습 1

1 선분 ㄱㄴ, 직선 ㄱㄴ, 반직선 ㄱㄴ을 그려 보세요.

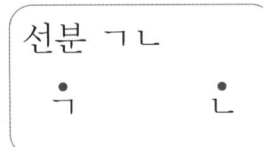   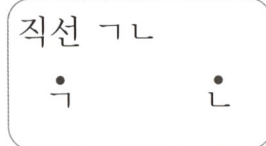   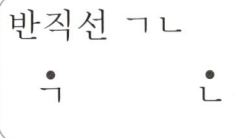

2 물음에 답하세요.

1) 한 점을 지나는 직선은 몇 개일까요? (   )개
2) 두 점을 지나는 직선은 몇 개일까요? (   )개
3) 두 점을 지나는 반직선은 몇 개일까요? (   )개

3 다음 도형에 나타난 각에 모두 ○표 하세요.

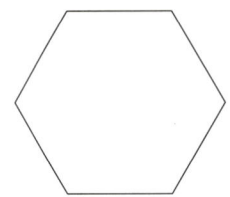

4 각 ㄱㄴㅁ을 그려 보세요.

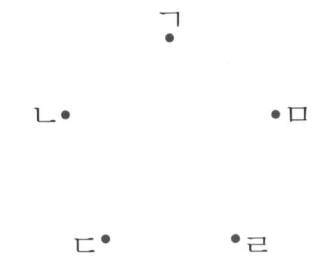

5 다음 중 직각을 찾아 읽어 보세요.

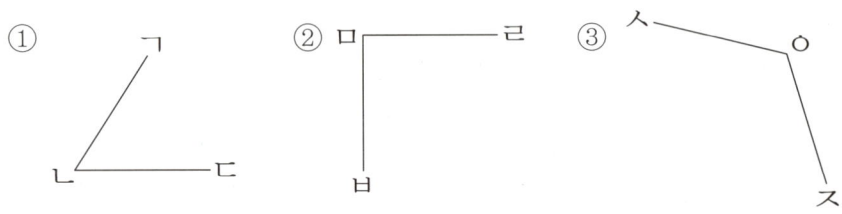

유형학습 2

1 관계있는 것끼리 이어 보세요.

2 그림을 보고 ( ) 안에 알맞게 써 보세요.

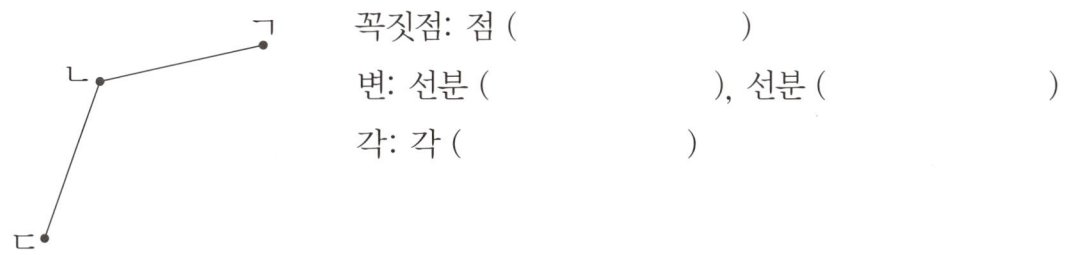

꼭짓점: 점 (　　　　　)

변: 선분 (　　　　　), 선분 (　　　　　)

각: 각 (　　　　　)

3 빈칸에 알맞은 말을 써넣으세요.

> 종이를 반듯하게 왼쪽으로 한 번, 위쪽으로 한 번 접었다가 펼쳤을 때 생기는 각을 (　　　　　)이라고 합니다.

4 도형의 종류에는 무엇이 있을까요? 두 가지 이상 적어 보세요.

5 각이 없는 면은 어떤 도형일까요?

(　　　　　　)

짝을 찾아라 게임

바닥의 카드 두 장을 뒤집어 짝을 찾는 게임.
틀렸을 때도 잘 기억해둬야 이길 수 있다!

게임 준비물 평면 도형(원, 삼각형, 사각형, 오각형, 육각형) 카드, 성질 카드 각각 한(1) 장씩 모두 열(10) 장

게임 방법
1. 카드를 잘 섞고 앞면이 보이지 않도록 뒤집어 바닥에 펼쳐 놓습니다.
2. 차례를 정하고 자신의 차례에 카드를 두(2) 장 골라서 동시에 뒤집습니다.
3. 도형과 그 짝이 되는 성질 카드를 찾았으면 카드를 가져옵니다.
4. 짝이 아니면 원래대로 뒤집어 놓습니다.
5. 카드를 더 많이 가져간 사람이 승리합니다.
6. 짝을 찾지 못했을 때도 각각의 카드를 기억해두면 나중에 그 짝을 찾는데 도움이 됩니다.

게임을 하려면 알아야 할 것

평면 도형	이름		성질
●	원	오른쪽 그림과 같은 모양의 도형	각과 변이 없어요.
▲	삼각형	세(3) 개의 변으로 둘러싸인 도형	각이 세(3) 개 있어요.
■	사각형	네(4) 개의 변으로 둘러싸인 도형	각이 네(4) 개 있어요.
⬟	오각형	다섯(5) 개의 변으로 둘러싸인 도형	각이 다섯(5) 개 있어요.
⬢	육각형	여섯(6) 개의 변으로 둘러싸인 도형	각이 여섯(6) 개 있어요.

게임을 하면서 배우는 것

평면 도형 : 이 게임을 하면서 2학년 1학기에 배우는 여러 가지 도형에 나오는 '평면 도형'을 익힐 거예요. 초등학교 때 배우는 도형의 종류는 평면 도형과 입체 도형 두 가지가 있어요. 학교에서는 입체 도형을 먼저 배우지만, 실제로 학습할 때 평면 도형을 익힌 뒤에 입체 도형을 보면 더 깊게 공부할 수 있는 장점이 있어요.

확인학습 ①

1 원에는 ○표, 원이 아닌 것에는 ×표 하세요.

1)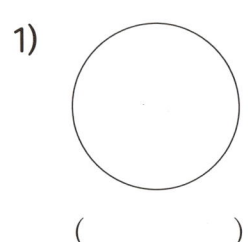
( )

2)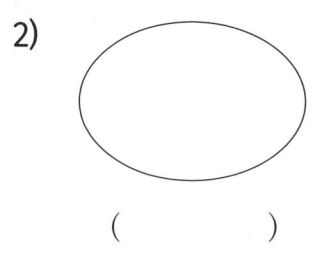
( )

3)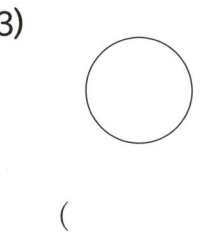
( )

2 삼각형에는 ○표, 삼각형이 아닌 것에는 ×표 하세요.

1)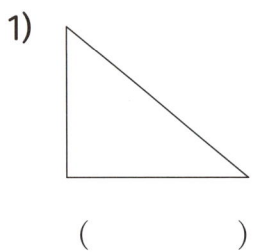
( )

2)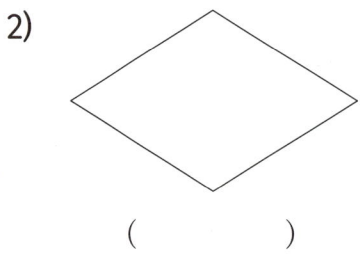
( )

3)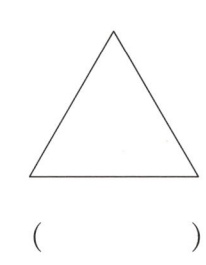
( )

3 사각형에는 ○표, 사각형이 아닌 것에는 ×표 하세요.

1)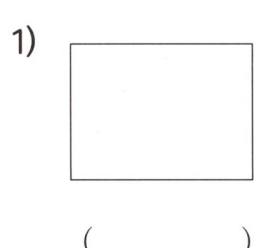
( )

2)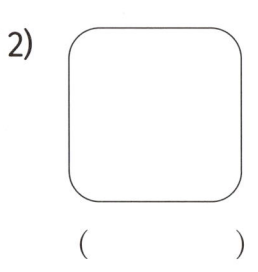
( )

3)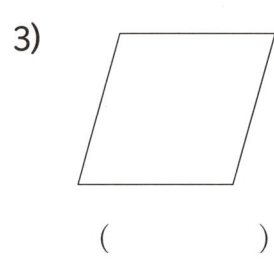
( )

4 오각형에는 ○표, 오각형이 아닌 것에는 ×표 하세요.

1)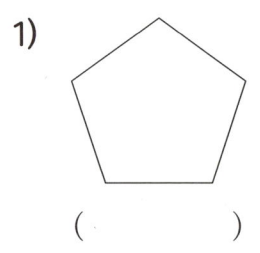
( )

2)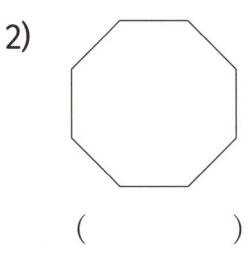
( )

3)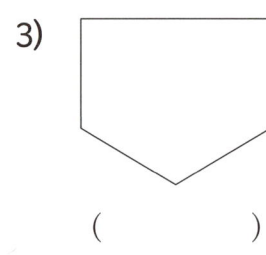
( )

5 육각형에는 ○표, 육각형이 아닌 것에 ×표 하세요.

1)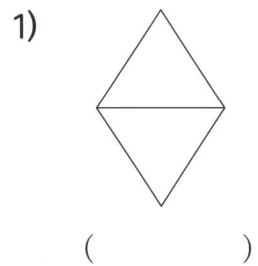
( )

2)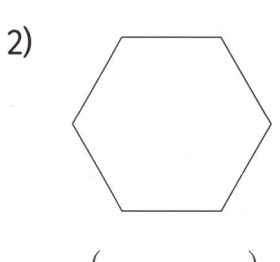
( )

3)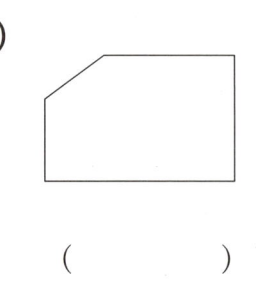
( )

확인학습 ❷

1 다음 도형의 변과 꼭짓점의 개수를 세어 적어 보세요.

2 알맞은 것끼리 이어 보세요.

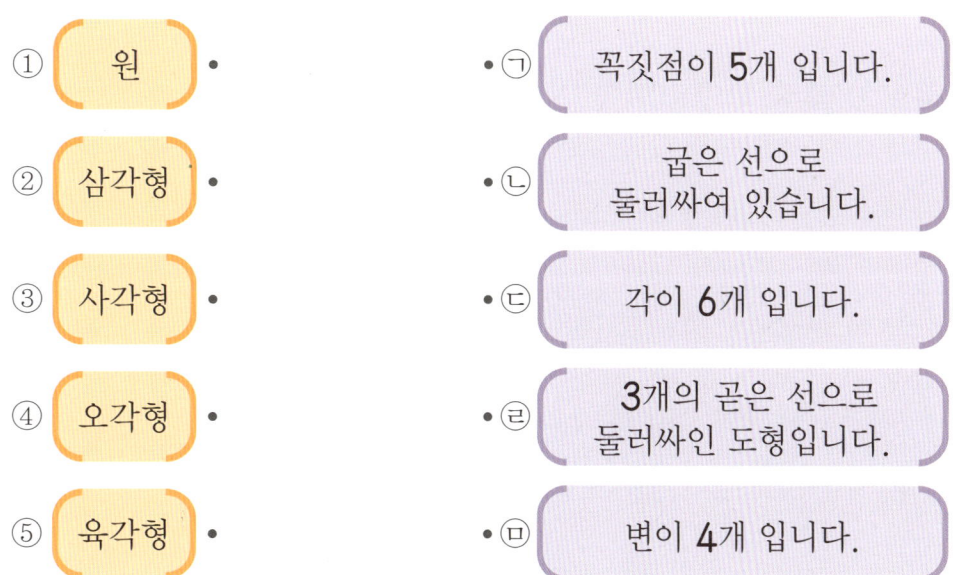

3 칠교판에 대한 물음에 답하세요.

1) 칠교판 조각은 모두 몇 개일까요? (　　　)개

2) 칠교판 조각 중 삼각형은 몇 개일까요? (　　　)개

3) 칠교판 조각 중 사각형은 몇 개일까요? (　　　)개

4 오른쪽 그림에서 찾을 수 있는 크고 작은 사각형은 모두 몇 개일까요?

(　　　)개

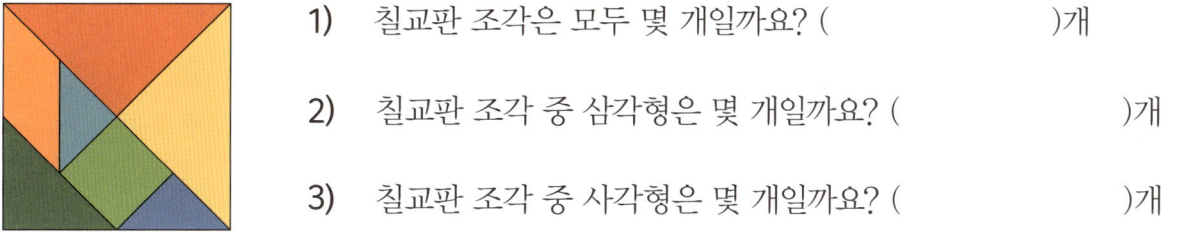

유형학습 ①

1 삼각형에 대한 설명으로 옳은 것을 모두 고르세요.

㉠ 변이 3개입니다.   ㉡ 꼭짓점이 4개입니다.
㉢ 굽은 선으로 둘러싸여 있습니다.   ㉣ 각이 3개입니다.

2 사각형의 변의 개수와 꼭짓점의 개수의 합은 몇 일까요?

( )개

3 다음 도형의 이름은 무엇일까요? ( )

4 정석이가 말하는 도형은 어떤 도형일까요?

이 도형은 삼각형보다 꼭짓점이 3개가 많고,
사각형보다 변이 2개가 많아.
이 도형의 이름이 뭔지 아니?

( )

5 오른쪽 그림에서 찾을 수 있는 크고 작은 삼각형은 모두 몇 개일까요?

( )개

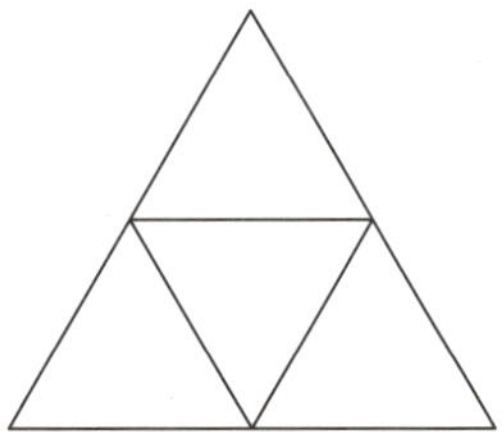

유형학습 ❷

1 삼각형과 사각형의 공통점은 무엇일까요? 두 가지를 적어 보세요.

_____

_____

2 오각형의 꼭짓점의 개수와 삼각형의 변의 개수의 합은 몇 일까요?

(   )개

3 주영이가 말하는 도형은 어떤 도형일까요?

꼭짓점이 하나도 없어.
그리고 어느 쪽에서 보아도 둥그런 모양이지.

(   )

4 오른쪽 그림에서 찾을 수 있는 크고 작은 사각형은 모두 몇 개일까요?

(   )개

5 그림에서 원은 모두 몇 개일까요?

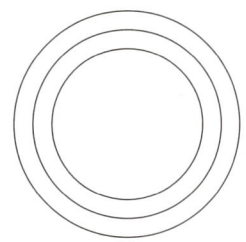

(   )개

도형 스피드 게임

뒤집은 카드의 짝을 빨리 찾는 게임.
잘못 가져오면 상대에게 한 장을 주는 벌칙!

게임 준비물 평면 도형(원, 삼각형, 사각형, 오각형, 육각형) 카드와 그림 카드(동전, 잡지, 벌집, 별, 삼각김밥) 각각 두(2) 장씩 모두 스무(20) 장

게임 방법
1. 카드를 잘 섞어서 그림이 보이지 않게 뒤집어 쌓아 둡니다.
2. 번갈아가며 카드를 한(1) 장씩 뒤집어 바닥에 놓습니다.
3. 뒤집은 카드와 짝이 되는 카드가 바닥에 있으면 짝이 되는 카드에 손을 먼저 얹은 사람이 두(2) 장 모두 가져갑니다. (동전-원, 잡지-사각형, 벌집-육각형, 별-오각형, 삼각김밥-삼각형)
4. 같은 모양의 도형이나 그림이 아니라 짝 카드만 가져갑니다.
5. 카드를 모두 뒤집으면 게임은 끝나고, 카드를 더 많이 가지면 이깁니다.
6. 잘못 가져왔으면 가져온 카드 중 한 장을 상대방에게 줍니다.

게임을 하려면 알아야 할 것

평면 도형	이름	평면 도형을 찾을 수 있는 물건
●	원	
▲	삼각형	
■	사각형	
⬟	오각형	
⬢	육각형	

게임을 하면서 배우는 것

주변에서 볼 수 있는 평면 도형 : 원과 다각형을 실생활에서는 어디서 볼 수 있나 찾아볼 거예요. 재미있는 점은, 평면 도형에 관련된 내용은 2학년 1학기에 배우지만, 실생활에서 찾는 내용은 1학년 2학기에 나와요. 평면인 물건은 우리 주변에서 찾기 힘들기 때문에 주변에서 볼 수 있는 물건의 본을 뜬다거나, 잘랐을 때 볼 수 있는 면(단면)에 관련된 질문들이 나와요. 본을 뜨는 것은 물건을 종이 위에 대고 그리거나 찰흙과 같은 반죽 위에 찍는 행동을 뜻해요.

확인학습 1

1 아래의 물건 가운데 바닥에 놓고 따라 그렸을 때 원이 나오는 것은 무엇일까요?

①    ②    ③

2 벌집은 같은 모양의 도형 여러 개가 붙어 있습니다. 어떤 도형일까요?

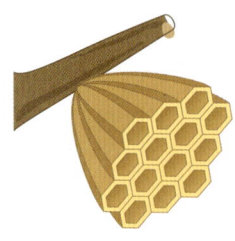

(   )

3 덴마크 국기 안에 있는 사각형은 모두 몇 개일까요?

(   )

4 다음 그림에서 삼각형을 찾아 색칠 하세요.

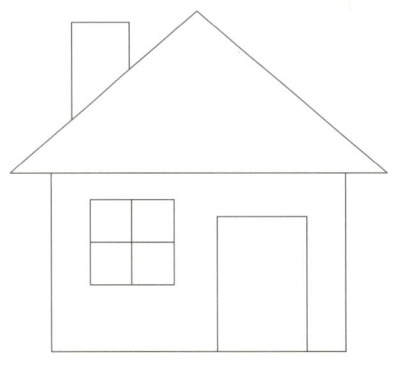

확인학습 ❷

1 아래의 물건을 가로로 잘랐을 때 나오는 도형은 각각 무엇일까요?

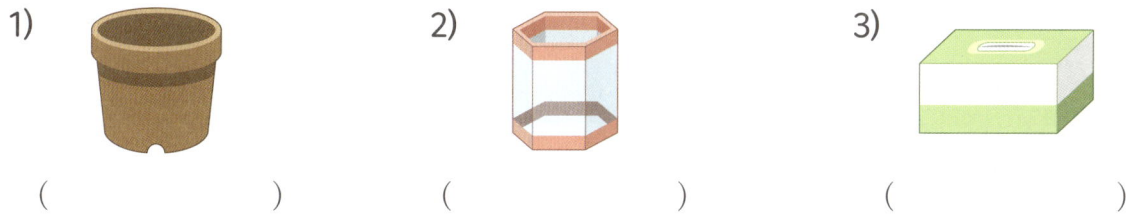

1) (　　　　)　　2) (　　　　)　　3) (　　　　)

2 축구공의 흰색과 검은색 부분은 각각 어떤 도형일까요?

1) 흰색 부분 (　　　　)　　　　2) 검은색 부분 (　　　　)

3 다음 국기들이 공통적으로 갖고 있는 도형은 무엇일까요?

(　　　　　,　　　　　)

4 다음은 영국의 국기입니다. 삼각형은 남색, 사각형은 빨간색으로 칠해 보세요.

유형학습 ①

1 다음 중 본떴을 때 사각형이 나오는 물건은 무엇일까요?

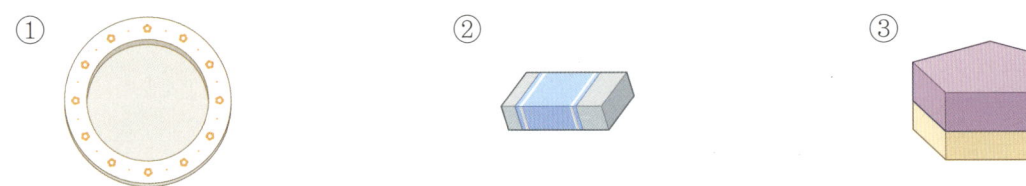

2 다음 모양을 본떴을 때 나오는 도형은 무엇일까요?

(   )

3 아래의 초콜릿 가운데 바닥의 모양이 삼각형인 것은 모두 몇 개일까요?

(   )개

4 오른쪽은 독일의 국기입니다. 독일의 국기는 어떤 도형들로 이루어져 있나요?

(   )

5 어떤 물건을 찰흙 위에 찍었더니 그림과 같은 모양이 나왔습니다. 어떤 물건을 찍었을까요?

(   )

유형학습 ❷

1 다음 중 본떴을 때 모양이 다른 하나는 무엇일까요?

①    ②    ③

2 오른쪽 그림은 하늘에서 내리는 눈을 확대했을 때의 모양입니다.
이 그림의 가장 바깥쪽 점을 연결하면 어떤 도형이 될까요?

(   )

3 아래의 쿠키 가운데 같은 모양의 도형은 각각 몇 개씩 있을까요?

삼각형 (   )개
사각형 (   )개
원   (   )개

4 오른쪽은 이웃 나라 일본의 국기입니다. 일본의 국기에서
어떤 도형을 찾아볼 수 있나요?

(,   )

5 어떤 물건을 찰흙 위에 찍었더니 그림과 같은 모양이 나왔습니다.
어떤 물건을 찍었을까요?

(   )

친구들 모여라 게임2

도형 카드와 성질 카드 네 장을 모으는 게임.
조커가 있어서 예상 밖의 재미가 있다!

게임 준비물 입체 도형(사각기둥, 원기둥, 구) 카드 각각 한(1) 장씩, 성질 카드 각각 세(3) 장씩, 조커 한(1) 장 모두 열세(13) 장

게임 방법
1 카드를 잘 섞고 각자 카드를 네(4) 장씩 나누어 갖습니다.
2 남은 카드는 잘 쌓아두고 차례를 정합니다.
3 자신의 차례가 되면 도형과 성질 카드의 짝을 찾는데 필요 없는 카드 한(1) 장을 카드 더미 속에 넣고, 카드 더미의 맨 위의 다른 카드 한(1) 장을 가져옵니다.
4 같은 도형과 성질 카드 네(4) 장을 모으면 이깁니다.
5 조커는 모든 입체 도형의 모양과 성질을 대신해주는 카드로, 나머지 세(3)장만 모아도 완성한 것으로 인정됩니다.

게임을 하려면 알아야 할 것

입체 도형	이름	성질
	사각기둥	쌓기가 쉬워요. 뾰족한 부분이 있어요. 평평한 부분이 있어요.
	원기둥	평평한 부분이 있어요. 둥근 부분이 있어요. 옆으로 눕히면 잘 굴러가요.
	구	어느 방향에서 봐도 똑같이 생겼어요. 어느 방향으로 굴려도 잘 굴러가요. 너무 잘 굴러가서 쌓기가 힘들어요.

게임을 하면서 배우는 것

입체 도형 : 초등학교 1학년 1학기에 배우는 '여러 가지 모양' 단원에 나오는 내용을 학습할 거예요. 지난 게임에서는 높이가 없는 평면 도형에 대해서 배웠지만, 이번 게임에서는 높이가 있는 입체 도형에 대해서 배울 거예요.

확인학습 ❶

1 왼쪽과 같은 모양에 ○표 하세요.

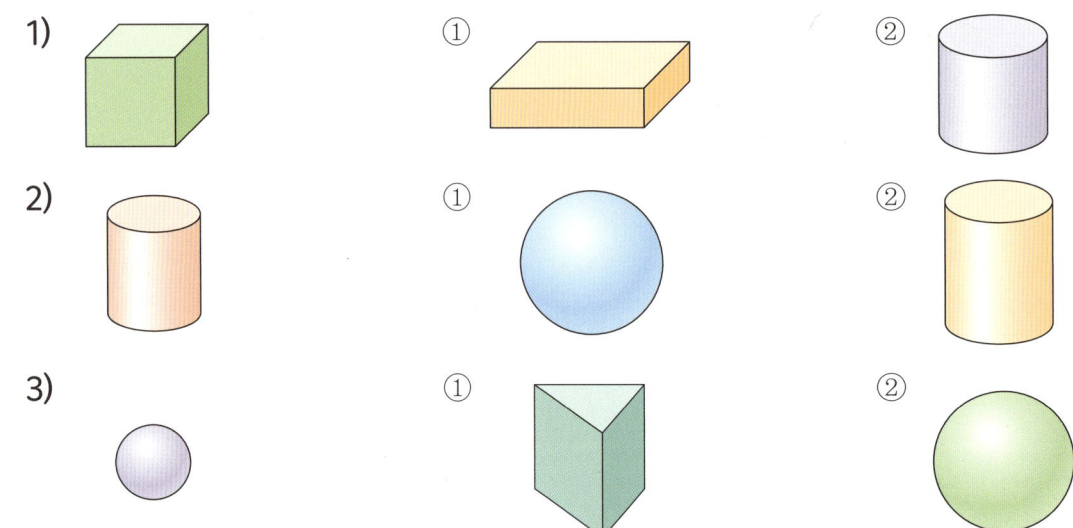

2 어떤 도형에 대한 특징인지 이어 보세요.

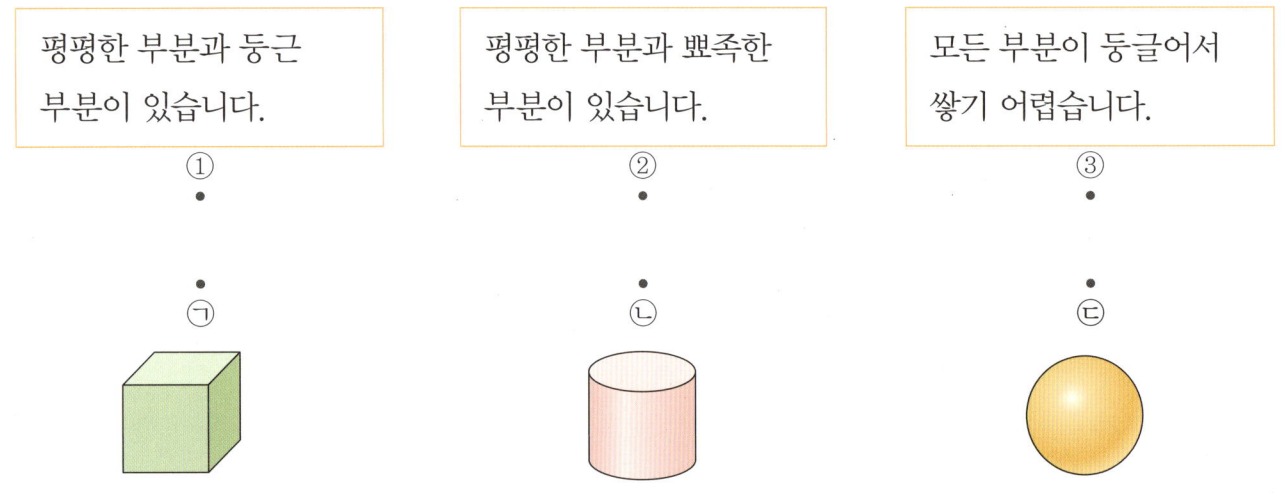

| 평평한 부분과 둥근 부분이 있습니다. | 평평한 부분과 뾰족한 부분이 있습니다. | 모든 부분이 둥글어서 쌓기 어렵습니다. |

3 다음은 어떤 모양에 대한 설명일까요?

세우면 쌓을 수 있지만 눕히면 굴러가서 정리하기가 힘듭니다.

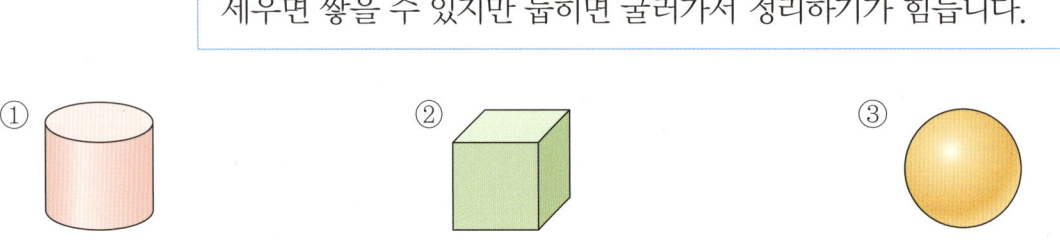

확인학습 ❷

1 물음에 알맞은 도형의 기호를 모두 적으세요.

1) 옆으로 굴리면 잘 굴러갑니다. (   )
2) 위로 쌓을 수 있습니다. (   )
3) 둥근 부분이 있습니다. (   )
4) 평평한 부분이 있습니다. (   )

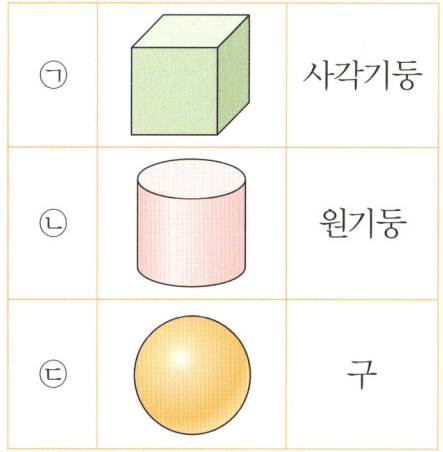

2 한 부분만 보여주는 그림을 보고 전체 도형을 찾아 이어 보세요.

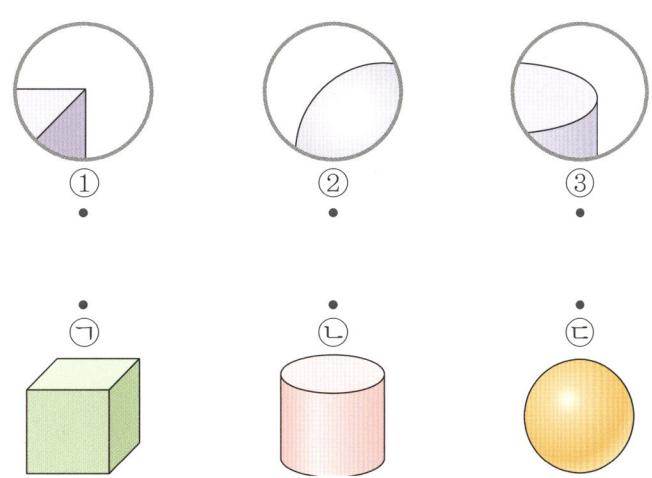

3 사각기둥, 원기둥, 구는 각각 몇 개씩 있을까요?

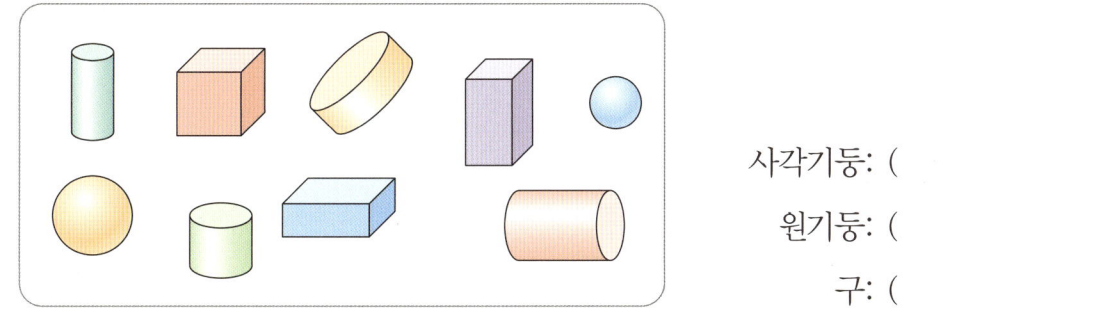

사각기둥: (   )개

원기둥: (   )개

구: (   )개

유형학습 ❶

1 왼쪽과 같은 모양을 모아 놓은 것입니다. 잘못 모은 것에 ×표 하세요.

1) 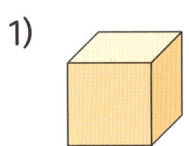　　① 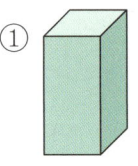　② 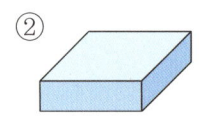　③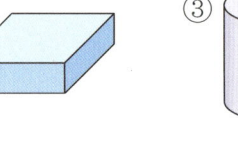

2) 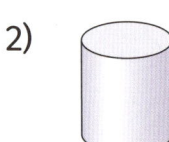　　① 　　　② 　　　③

2 건영이가 설명하는 도형은 무엇일까요?

> 이 모양은 평평한 부분이 있어서 물건을 쌓기가 쉬워.
> 그리고 뾰족한 부분이 있지. 그래서 그런지 잘 굴러가지 않아.

(　　　　　)

3 가)와 나)의 같은 점과 다른 점을 각각 한 가지씩 써 보세요.

가) 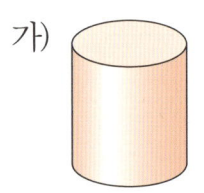　　　　나)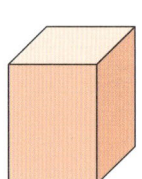

같은 점: _____

다른 점: _____

4 규칙에 맞게 빈 곳에 들어갈 모양을 그려 보세요.

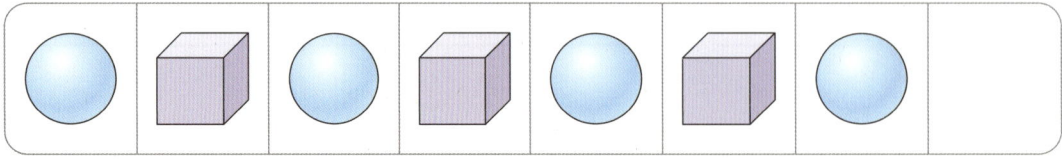

90

유형학습 ②

1 어떤 모양의 한쪽 밖에 안 보여요. 어떤 모양인지 찾아 ○표 해 보세요.

1) 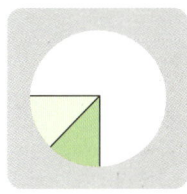 ① 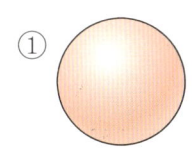 ②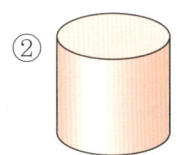

2)  ① 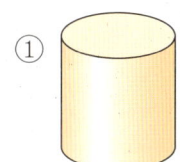 ②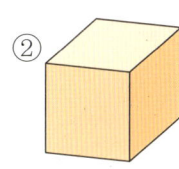

2 상진이가 설명하는 도형은 무엇일까요?

> 이 모양은 평평한 부분이 있어서 물건 쌓기가 쉬워.
> 그런데 둥근 부분도 있어서 옆으로 눕히면 굴러가기도 해.

(   )

3 가)와 나)의 같은 점과 다른 점을 각각 한 가지씩 써 보세요.

가)  나)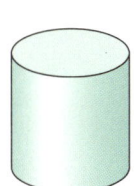

같은 점: _____

다른 점: _____

4 규칙에 맞게 빈 곳에 들어갈 모양을 그려 보세요.

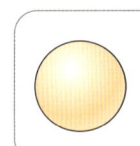 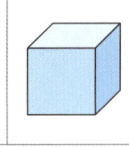   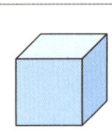  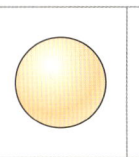

카드 뽑기 게임

상대 카드 중 아무 카드나 뽑아!
같은 카드 있으면 내려놓은 게임.

게임 준비물 입체 도형(사각기둥, 원기둥, 구) 카드 각각 네(4) 장씩, 그림 카드(캔, 선물 상자, 축구공) 각각 네(4) 장씩, 조커 카드 한(1) 장 모두 스물다섯(25) 장

게임 방법
1. 각자 카드 열(10) 장씩 나누어 갖고 나머지는 뒤집어서 쌓아 놓습니다.
2. 자신의 카드 중에 같은 그림이 그려진 카드가 있으면 버립니다.
3. 순서를 정한 다음 자기 차례가 되면 상대방의 카드 중에서 한(1) 장을 가져오고, 상대방은 쌓아 놓은 카드 더미에서 새로운 한(1) 장을 가져와 채웁니다.
4. 새로 가져온 카드와 짝 카드가 있으면 두(2) 장 다 버립니다.
5. 조커 카드는 모든 카드의 짝이 될 수 있습니다.
6. 카드를 먼저 다 버리는 사람이 이깁니다.

게임을 하려면 알아야 할 것

입체 도형	이름	입체 도형을 찾을 수 있는 물건
	원기둥	
	구	
	사각기둥	

게임을 하면서 배우는 것

주변 물건에 있는 입체 도형 : 지난 게임에서 입체 도형의 종류는 무엇이 있고, 그 도형의 특징에 대해서 배웠어요. 이번 게임은 우리 주변에서 찾아볼 수 있는 입체 도형에 대해서 배울 거예요. 우리 주변의 많은 물건은 한 개 또는 여러 개의 입체 도형으로 이루어져 있어요.

확인학습 ❶

1 모양이 같은 것끼리 이어 보세요.

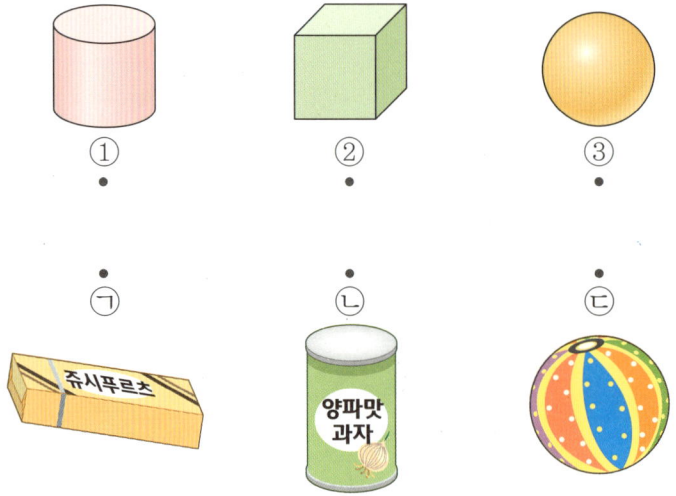

2 상아가 눈사람을 만들었습니다. 눈사람은 어떤 모양을 사용하여 만든 것일까요?

( )

3 같은 모양끼리 짝지어 번호를 써 보세요.

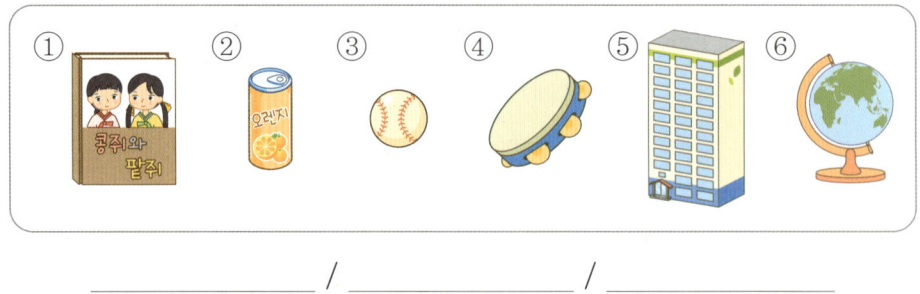

_____ / _____ / _____

4 오른쪽 그림과 같은 모양을 만들기 위해서 필요한 도형의 이름을 모두 쓰세요.

_____ , _____

확인학습 ❷

1 다음은 어떤 모양을 모아놓은 것일까요?

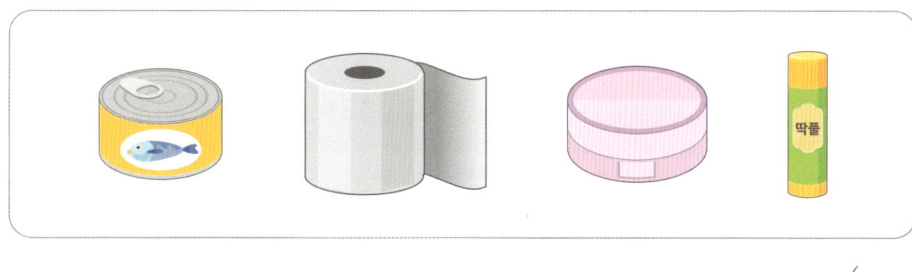

(   )

2 승룡이가 그림과 같은 담장을 쌓는 데 필요한 모양은 무엇일까요?

(   )

3 대욱이의 생일 파티에 케이크를 준비했습니다. 케이크는 어떤 모양을 사용하여 만든 것일까요?

(   )

4 오른쪽 그림과 같은 모양을 만들기 위해서 필요한 도형의 이름을 모두 쓰세요.

_____ , _____

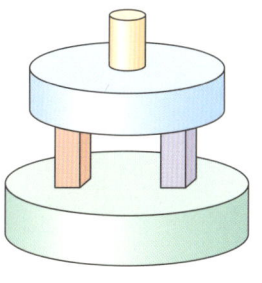

유형학습 ①

1 모양이 같은 것끼리 이어 보세요.

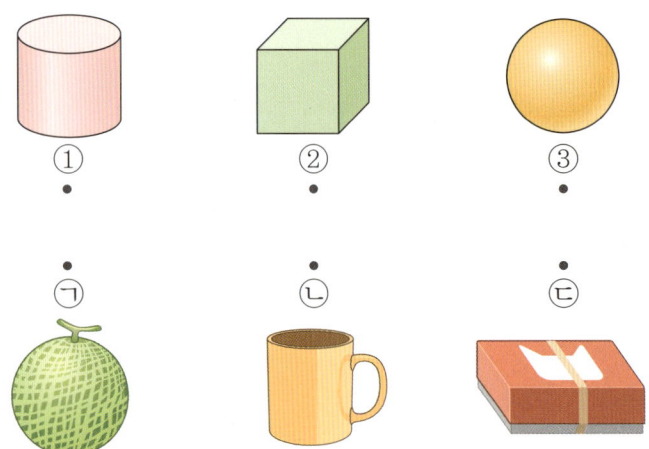

2 오른쪽 그림과 같은 모양을 만들기 위해서 각각 도형을 몇 개씩 이용했는지 빈칸을 채워 보세요.

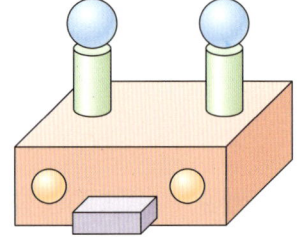

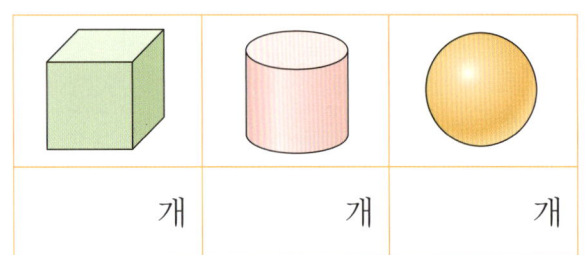

3 오른쪽 그림과 같은 모양을 한 도형의 특징이 아닌 것을 골라 보세요.

① 둥근 부분이 있어요.
② 어느 방향으로 굴려도 굴러가지 않아요.
③ 옆으로 눕혀서도 쌓을 수 있어요.

4 오른쪽 그림은 어떤 모양을 모아둔 것인지 찾아서 ○표 하세요.

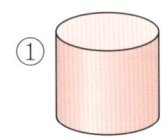 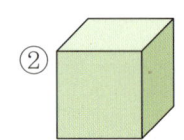 

유형학습 ❷

1 모양이 같은 것 끼리 이어 보세요.

2 오른쪽 그림과 같은 모양을 만들기 위해서 각각 도형을 몇 개씩 이용했는지 빈칸을 채워 보세요.

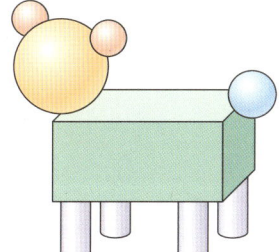

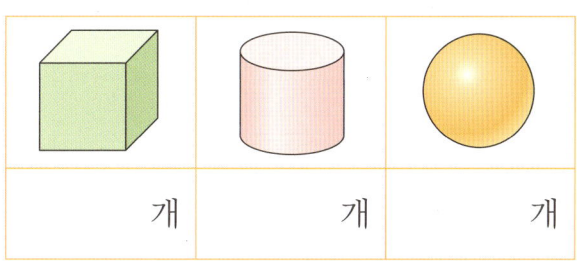

3 오른쪽 그림과 같은 모양을 한 도형의 특징이 아닌 것을 골라 보세요.

① 둥근 부분이 있어요.
② 어느 방향으로 굴려도 굴러가요.
③ 옆으로 눕혀서도 쌓을 수 있어요.

4 오른쪽 그림은 어떤 모양을 모아둔 것인지 찾아서 ○표 하세요.

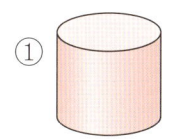 ① 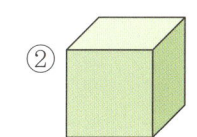 ②  ③

자리 바꾸기 게임

내 말을 상대의 출발점으로 보내는 게임
앞 칸의 도형과 짝인 카드 나오면 말을 앞으로!

게임 준비물 평면 도형 카드 다섯(5)장, 입체 도형 카드 세(3)장, 사물 그림 카드 각각
두(2)장씩 열여섯(16)장, 조커 카드 두(2)장, 모두 스물여섯(26)장, 말 두(2)개

게임 방법
1. 도형 카드 여덟(8)장을 잘 섞고 그림이 보이게 나란히 늘어 놓습니다.
2. 양 끝 카드 위에 각자의 말을 놓습니다. (출발점)
3. 사물 그림 카드와 조커 카드를 잘 섞어서 뒤집어 쌓아 놓습니다.
4. 번갈아가면서 쌓아둔 카드 한 장씩 뒤집어 말판 놀이를 합니다.
5. 뒤집은 사람과는 상관없이 바로 앞 칸의 도형과 짝이 되는 그림 카드가 나오면 자신의 말을 그곳으로 보냅니다.
6. 조커를 뒤집은 사람은 말을 한 칸 앞으로 보내고 카드를 한 번 더 뒤집습니다.
7. 상대방 말 뒤 도형의 짝 카드가 나오면 상대의 말을 뒤로 보낼 수 있습니다.
8. 상대방의 출발점에 먼저 도착한 사람이 승리합니다.

게임을 하려면 알아야 할 것

도형	성질	도형	성질
●	둥근 선으로 이루어져 있습니다. 왼쪽과 같은 모양입니다.	▲	세(3) 개의 변과 세(3) 개의 각이 있습니다.
■	네(4) 개의 변과 네(4) 개의 각이 있습니다.	⬟	다섯(5) 개의 변과 다섯(5) 개의 각이 있습니다.
⬢	여섯(6) 개의 변과 여섯(6) 개의 각이 있습니다.	◼	뾰족한 부분이 있습니다. 잘 굴러가지 않습니다. 쌓을 수 있습니다.
▮	둥근 부분이 있습니다. 쌓을 수 있습니다. 옆으로 눕히면 굴러갑니다.	●	모든 방향으로 굴러 갑니다. 어디서 봐도 같은 모양입니다. 쌓을 수 없습니다.

게임을 하면서 배우는 것

도형 복습 : 이번 게임에서는 도형 단원에서 배웠던 선의 종류와 평면 도형, 입체 도형에 대해서 복습하는 시간을 가질 거에요. 1, 2학년과 3학년 1학기의 도형에 대한 내용을 전체 복습합니다. 게임을 하거나 문제를 풀다가 모르는 부분이 있으면 반드시 짚고 넘어가도록 해요. 평면 도형, 입체 도형에 대해서 깊게 학습할 때 필요해요.

확인학습 ❶

1 오른쪽 그림과 같이 2개의 점이 있을 때 나올 수 있는 선분과 직선, 반직선의 개수는 각각 몇 개일까요?

선분 (   )개, 직선 (   )개, 반직선 (   )개

2 별 모양은 어떤 도형들로 이루어져 있을까요?

(   )

3 오른쪽 그림은 프랑스 국기입니다. 프랑스 국기에서 찾을 수 있는 크고 작은 사각형의 개수는 몇 개일까요?

(   )개

4 어떤 모양의 한쪽입니다. 어떤 모양인지 이어 보세요.

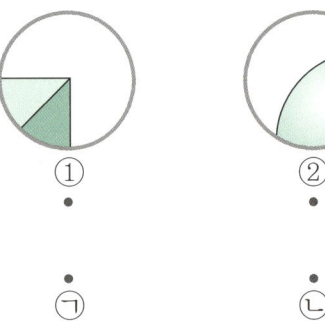
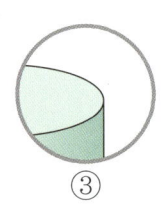
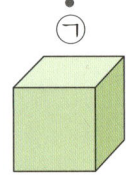
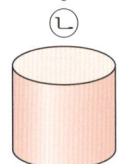
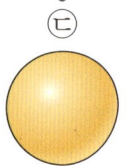

5 주변에서 볼 수 있는 원기둥 모양의 물건은 무엇이 있을까요? 세 가지만 적어 보세요.

(   ) (   ) (   )

확인학습 ❷

1 다음의 도형을 보고 아래 물음에 답해 보세요.

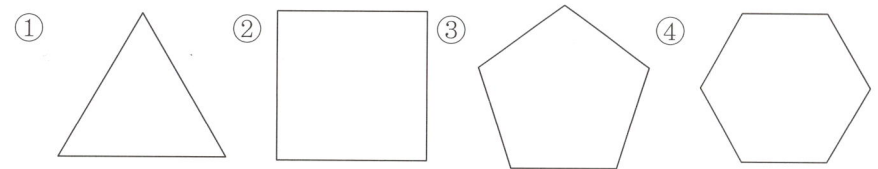

1) 직각을 가진 도형을 찾아 직각을 표시해 보세요.
2) 각이 가장 많은 도형은 어느 것일까요?

2 오른쪽 그림은 체코의 국기입니다. 체코의 국기에는 삼각형과 사각형은 각각 몇 개씩 있을까요?

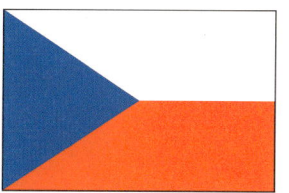

삼각형 (   )개
사각형 (   )개

3 설명이 맞으면 ○표, 틀리면 ×표 하세요.

1) 사각기둥은 눕혀서 굴려야 잘 굴러갑니다.   (   )
2) 원기둥은 위로는 잘 쌓을 수 있습니다.   (   )
3) 구는 평평한 부분과 둥근 부분이 있습니다.   (   )

4 규칙에 맞게 빈 곳에 들어갈 모양을 골라 보세요.

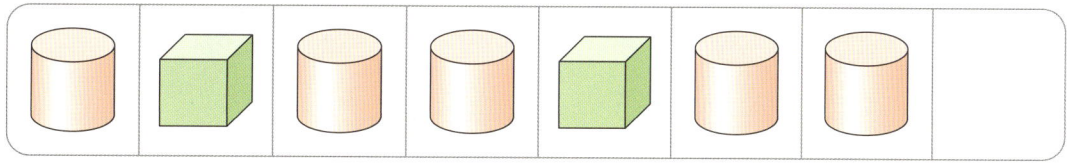

유형학습 1

1 관련있는 것끼리 이어 주세요.

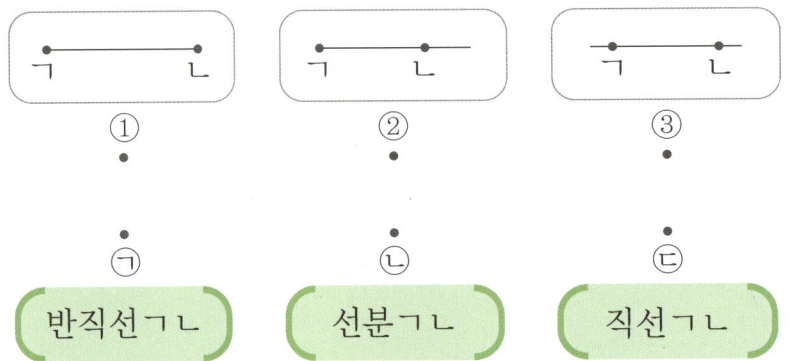

2 오른쪽 도화지에 그은 선을 따라 자르면 삼각형과 사각형이 각각 몇 개 생길까요?

삼각형 (　　　　)개
사각형 (　　　　)개

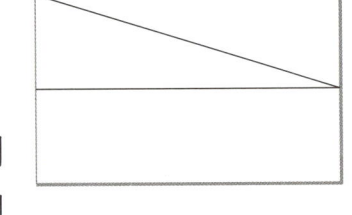

3 물건을 종이에 본뜰 때 나오는 모양이 다른 하나에 ○표 하세요.

① 　　② 　　③

4 오른쪽은 모양 블록을 몇 개를 사용하여 만든 것일까요?

(　　　　)개

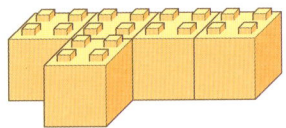

5 왼쪽의 그림과 같은 모양인 도형에 모두 ○표 하세요.

유형학습 ②

1 다음 중 각의 이름을 바르게 말한 사람은 누구일까요?

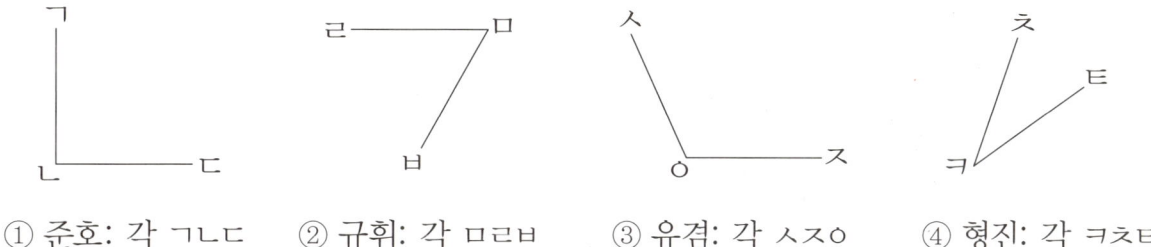

① 준호: 각 ㄱㄴㄷ   ② 규휘: 각 ㅁㄹㅂ   ③ 유겸: 각 ㅅㅈㅇ   ④ 형진: 각 ㅋㅊㅌ

2 다음 중 가로 방향으로 잘랐을 때 같은 모양이 나오지 않는 도형은 무엇일까요?

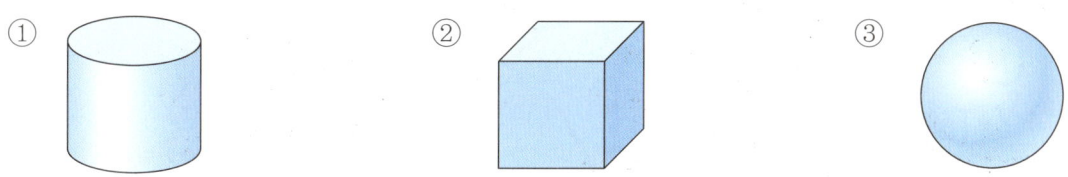

3 지수의 옷에서 단추가 떨어졌어요. 지수의 옷에서 떨어진 단추는 어떤 모양일까요?

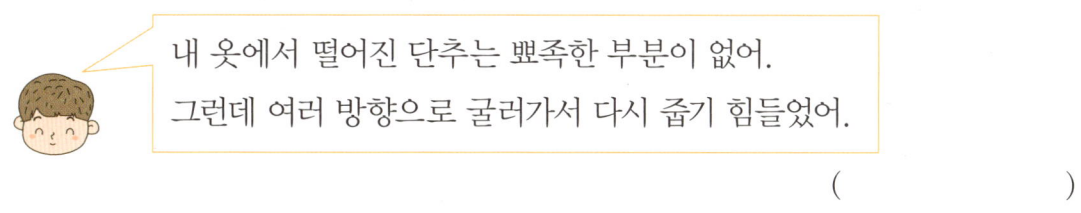

내 옷에서 떨어진 단추는 뾰족한 부분이 없어.
그런데 여러 방향으로 굴러가서 다시 줍기 힘들었어.

(   )

4 다음 중 도형에 대해서 잘못 말한 친구는 누구일까요?

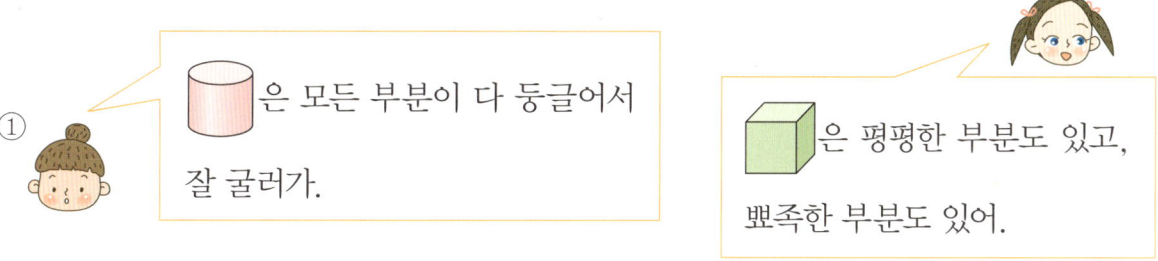

① 은 모든 부분이 다 둥글어서 잘 굴러가.

② 은 평평한 부분도 있고, 뾰족한 부분도 있어.

5 규칙에 따라 빈칸에 들어갈 모양을 그려 보세요.

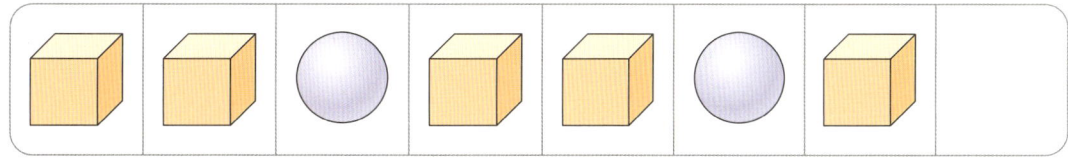

도토리 키 재기 게임

동시에 카드를 내 이긴 사람이 카드를 모두 갖는 게임.
카드 속 물건의 키가 더 큰 사람이 승리!

게임 준비물 눈금(도토리, 초콜릿 볼, 도넛, 사과, 만두) 카드 각각 두(2) 장씩 모두 열(10) 장

게임 방법
1. 카드를 잘 섞어서 가운데 쌓아 둡니다.
2. 번갈아가며 카드를 한(1) 장씩 뒤집습니다.
3. 카드 속 물건의 키가 몇 센티미터(cm)인지 그림 옆에 있는 자의 눈금을 읽습니다. 키가 더 큰 카드를 뒤집은 사람이 카드 두(2) 장 모두를 갖습니다.
4. 키가 같은 사물을 냈을 경우, 나뒀다가 다음 차례에 이긴 사람이 모두 갖습니다.
5. 카드를 더 많이 가진 사람이 승리합니다.

게임을 하려면 알아야 할 것

길이와 높이 재는 방법 : 물건의 한쪽 끝을 맞추었을 때 반대쪽 끝까지의 거리

길이 : 거리가 더 먼 것을 '더 길다', 더 가까운 것을 '더 짧다'라고 합니다. 물건이 여러 개 있을 때 거리가 가장 먼 것을 '가장 길다', 가장 가까운 것을 '가장 짧다'고 합니다.

높이 : 아래쪽부터 위쪽까지의 거리가 더 긴 것을 '더 높다', 더 가까운 것을 '더 낮다'고 합니다. 여러 개를 비교할 때 아래쪽부터 위쪽까지의 거리가 가장 먼 것을 '가장 높다', 가장 가까운 것을 '가장 낮다'고 합니다.
키 : 키는 높다, 낮다가 아닌 '크다', '작다'라고 합니다.

시작과 끝이 똑같다면 많이 구부러져 있을수록 곧게 폈을 때 길이가 더 깁니다. 한쪽이 맞추어져 있지 않은 경우에는 한쪽 끝을 맞추어 비교하거나, 주변 사물과 비교합니다.

자 눈금 읽는 방법

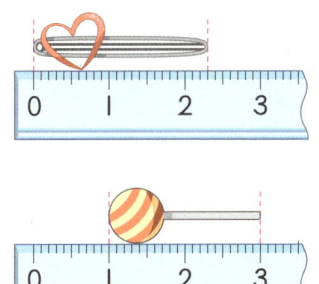

1) 큰 숫자가 센티미터(cm)를 나타냅니다.
2) 물건의 한 끝을 자의 눈금 0에 맞춥니다.
3) 물건의 다른 끝에 있는 자의 눈금을 읽습니다.
4) 길이가 자의 눈금 사이에 있을 때는 눈금과 가까운 쪽에 있는 숫자를 읽으며, 숫자 앞에 '약'을 붙여 말합니다.
5) 물건의 끝이 자의 0에 맞추어져 있지 않은 경우에는 0에서부터 더 먼 쪽의 거리에서 더 가까운 쪽의 거리를 빼주면 그 물건의 길이가 됩니다. 예를 들어 오른쪽 그림의 경우 더 먼 거리인 '3센티미터(cm)'에서 더 가까운 거리인 '1센티미터(cm)'를 빼면 2센티미터(cm)가 됩니다.

게임을 하면서 배우는 것

길이와 높이 비교 : 1학년 1학기 비교하기에 나오는 내용과 2학년 1학기 길이 재기에 나오는 내용을 학습할 수 있는 게임이에요. 여러 가지 물건의 길이와 높이를 비교할 수 있어요. 작은 물체는 눈으로 비교하고, 직접 자로 길이를 재 볼 수 있고, 아파트와 같이 커다란 물체의 높이도 비교할 수 있어요.

확인학습 ❶

1 그림을 보고 알맞은 표현에 ○표 하세요.

1) 아파트는 나무보다 높이가 (높아요 / 낮아요 / 커요 / 작아요)
2) 사람은 나무보다 키가 (높아요 / 낮아요 / 커요 / 작아요)
3) 아파트가 가장 높이가 (높아요 / 낮아요 / 커요 / 작아요)

2 그림을 보고 알맞은 말에 ○표 하세요.

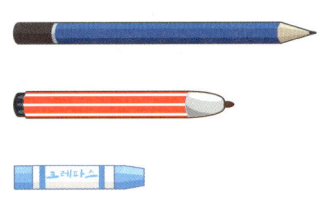

1) 색연필은 (연필 / 크레파스) 보다 더 깁니다.
2) 크레파스는 색연필보다 더 (짧습니다 / 깁니다.)
3) 색연필, 연필, 크레파스 중에서 가장 긴 것은 (색연필 / 연필 / 크레파스)입니다.

3 길이가 가장 긴 것에 ○표, 가장 짧은 것에 △표 하세요.

1) (   )
2) (   )
3) (   )

4 1센티미터를 바르게 써 보세요.

확인학습 ❷

1 그림을 보고 알맞은 표현에 ○표 하세요.

1) 하민이는 친구들 중에 가장 (높은 / 낮은 / 큰 / 작은) 층에 살고 있어요.
2) 서진이는 하민이보다 (높은 / 낮은 / 큰 / 작은) 층에 살고 있고, 수현이보다는 (높은 / 낮은 / 큰 / 작은) 층에 살고 있어요.

2 길이가 짧은 차례대로 번호를 쓰세요. (   )

①

②

③

3 길이가 비슷한 막대 과자 2개의 길이를 맞대어 비교하려고 합니다. 가장 바르게 비교한 그림에 ○표 하세요.

4 자를 이용해서 길이를 재는 방법이 옳은 것에 ○표 하세요.

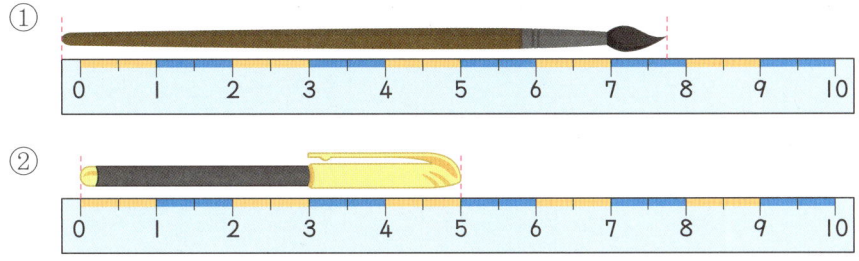

유형학습 1

1 샤프보다 더 긴 것에 ○표, 더 짧은 것에 △표 하세요.

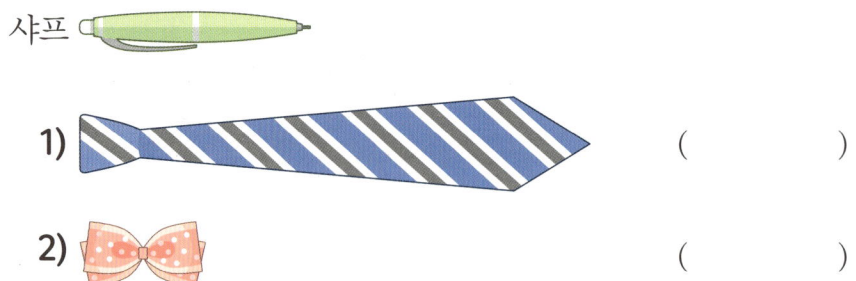

1) (   )

2) (   )

2 가장 높이 날고 있는 새에 ○표 하세요.

3 학교까지 오는 길이 가장 짧은 친구는 누구일까요?

4 그림을 보고 몇 cm인지 적어보세요.

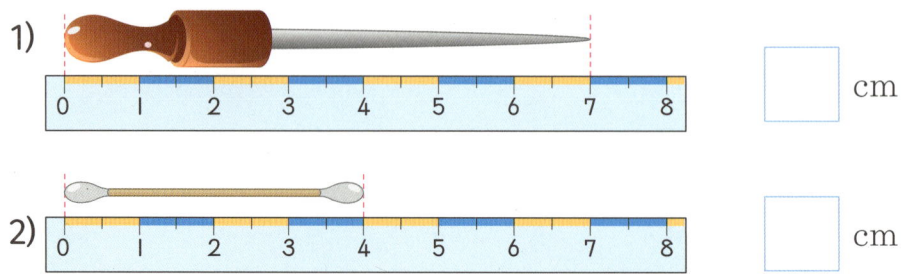

1) ☐ cm

2) ☐ cm

유형학습 ❷

1 그림을 보고 가장 높은 곳에 붙어있는 액자에 ○, 가장 낮은 곳에 붙어있는 액자에 △ 표 하세요.

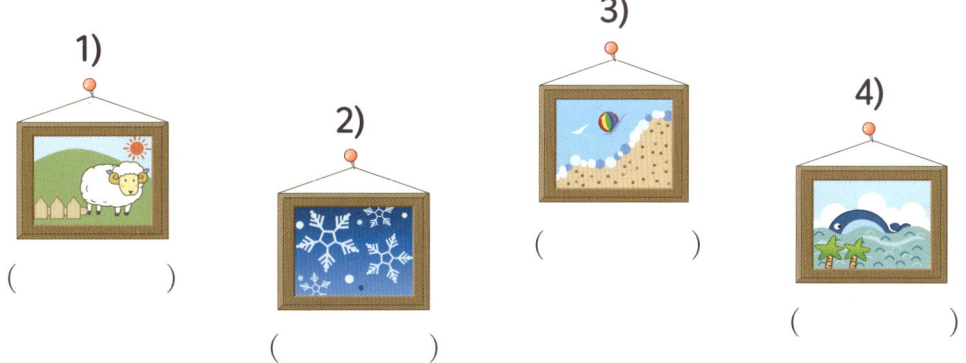

2 빨간색 선과 파란색 선 중에서 어느 선이 더 짧을까요?

① 빨간색 선 　　② 파란색 선

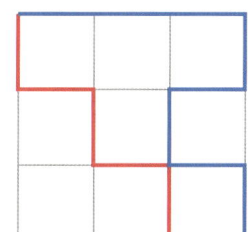

3 형진이가 놀이공원에 놀러갔습니다. 놀이기구가 같은 속도로 움직일 때 어떤 놀이기구를 가장 오래 탈 수 있을까요?

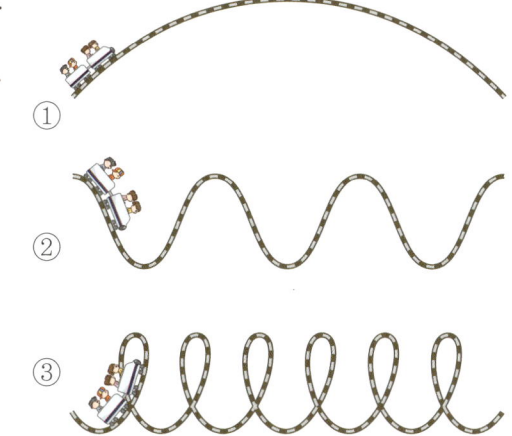

4 3cm를 나타내지 않는 것을 찾아 ○표 하세요.

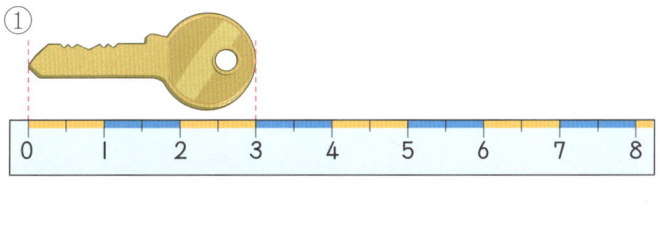
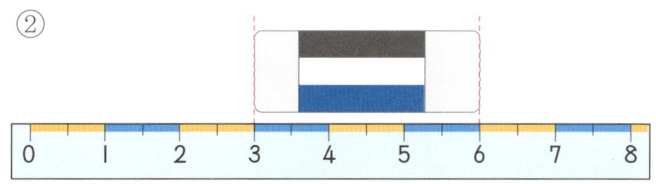
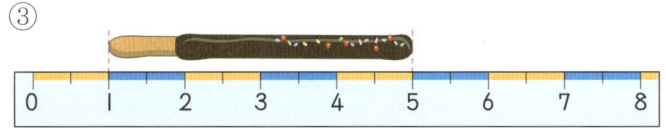
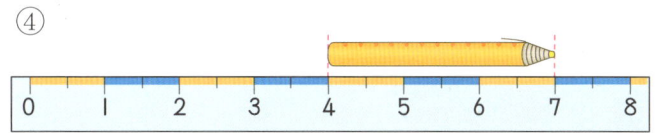

땅따먹기 게임

점을 이어서 땅을 만드는 게임.
사각형을 완성하는 선을 그은 사람이 땅 주인!

게임 준비물 땅따먹기 놀이판, 서로 다른 색깔의 펜 두(2) 개

게임 방법
1. 서로 다른 색깔의 펜을 고르고, 순서를 정합니다.
2. 자기 차례가 되면 점과 점 사이를 직선으로 이어 사각형 땅을 만들기 시작합니다.
3. 한(1) 칸짜리 사각형을 완성하는 직선을 그은 사람이 땅의 주인이니 자기 펜으로 칠을 해서 표시합니다.
4. 사각형 땅을 완성한 사람은 한 번 더 직선을 그을 수 있습니다.
5. 더 이상 직선을 그을 수 없을 때, 더 많은 사각형 땅을 가진 사람이 승리합니다.

게임 규칙 점의 위, 아래, 양옆에 바로 이어 있는 점과 직선으로 연결할 수 있지만, 대각선에 있는 점과는 연결할 수 없습니다
한 번에 선 하나만 그을 수 있으며 세(3) 칸 이상 그을 수 없습니다.

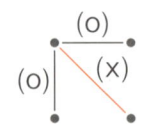

게임을 하려면 알아야 할 것

넓이를 비교하는 방법

1) 눈으로 비교하기: 눈으로 어림잡아 확인할 수 있습니다.

2) 직접 대보기: 물건을 서로 겹쳐 보았을 때 남는 부분이 많을수록 더 넓습니다.
- 눈으로 비교하는 것보다 비교할 물건을 직접 겹쳐서 확인하는 것이 더 정확하게 비교할 수 있습니다.

3) 여러 개의 넓이 비교하기
- 한 개의 물건으로 다른 물건들과 넓이를 비교할 수 있습니다.
- 두 가지씩 묶어서 비교할 수 있습니다.

4) 같은 크기의 넓이 비교: 한 칸의 크기가 같은 도형이 여러 개 있을 때, 칸 수가 많을수록 더 넓습니다. 예를 들어 한 칸의 크기가 같은 도형을 윤지가 네(4) 칸, 도형이가 다섯(5) 칸을 칠했다면, 도형이가 칠한 칸의 넓이가 더 넓고, 윤지가 칠한 칸의 넓이가 더 좁습니다.

 **더 넓다와 더 좁다** : 물건을 서로 겹쳐 보았을 때 남는 부분이 더 많은 것을 '더 넓다'고 하고, 물건을 서로 겹쳐 보았을 때 남는 부분이 더 적은 것을 '더 좁다'고 합니다.

 **가장 넓다와 가장 좁다** : 여러 개의 물건을 겹쳐 보았을 때 남는 부분이 가장 많은 것을 '가장 넓다', 남는 부분이 가장 적은 것을 '가장 좁다'고 합니다.

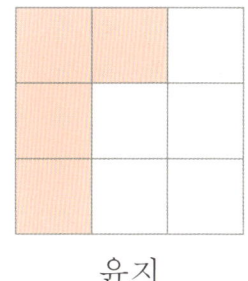 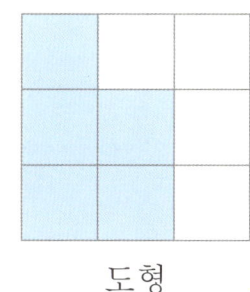

윤지   도형

게임을 하면서 배우는 것

넓이 비교하기 : 1학년 1학기의 비교하기에 나오는 내용이에요. 면의 크기를 비교하는 게임입니다. 넓이는 어떤 면의 크기를 말해요.

확인학습 ❶

1 그림을 보고 물음에 답하세요.

1) 더 넓은 것에 ○표 하세요.

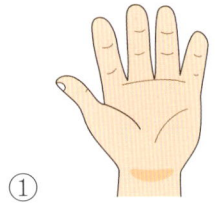 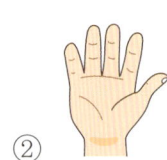

① ②

2) 더 넓은 것에 ○표 하세요.

① ②

2 그림을 보고 알맞은 표현에 ○표 하세요.

1) 수첩은 책보다 (더 넓습니다 / 더 좁습니다)
2) 책은 수첩보다 (더 넓습니다 / 더 좁습니다)

3 그림을 보고 알맞은 표현에 ○표 하세요.

핸드폰   텔레비전   모니터

1) 그림 중 가장 넓은 물건은
   (핸드폰 / 모니터 / 텔레비전)입니다.
2) 모니터는 (핸드폰 / 텔레비전)보다 더 넓고, (핸드폰 / 텔레비전)보다 더 좁습니다.

4 우리나라 지도를 보고 제주도보다 넓은 곳에 모두 ○표 하세요.

확인학습 ❷

1 그림을 보고 물음에 답하세요.

1) 더 좁은 것에 ○표 하세요.

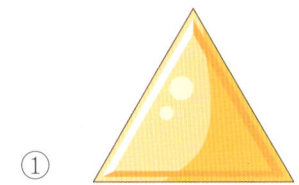 

2) 더 넓은 것에 ○표 하세요.

2 그림을 보고 알맞은 표현에 ○표 하세요.

1) 500원 동전은 100원 동전보다 더 (큽니다 / 작습니다)

2) 100원 동전은 500원 동전보다 더 (큽니다 / 작습니다)

3 그림을 보고 물음에 답하세요.

1) 가장 큰 동전에 ○표, 가장 작은 동전에 △표 하세요.

2) 동전의 크기가 큰 차례대로 번호를 쓰세요.

(   ) (   ) (   ) (   )

(,   ,   ,   )

4 아시아 지도를 보고 넓이가 가장 넓은 나라부터 차례대로 번호를 쓰세요.

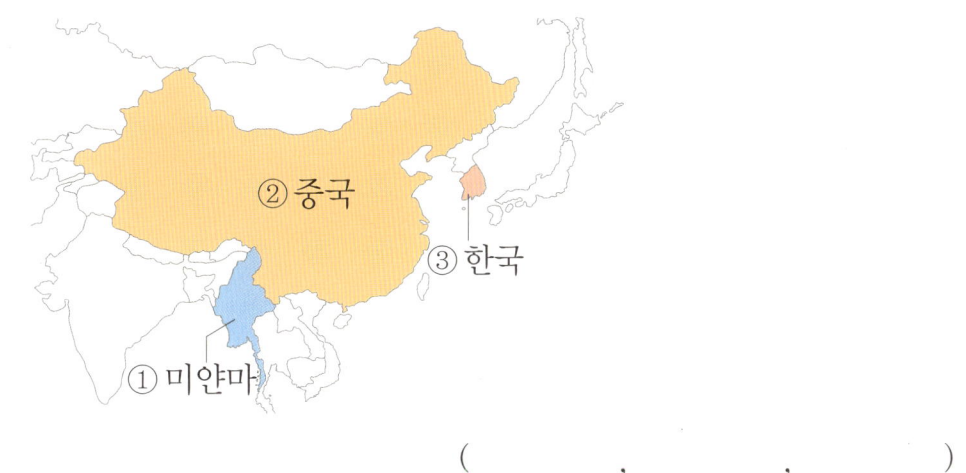

(,   ,   )

유형학습 1

1 넓은 것부터 차례대로 번호를 쓰세요. (,   ,   )

2 두 친구 중에 더 넓게 색칠한 아이는 누구일까요?

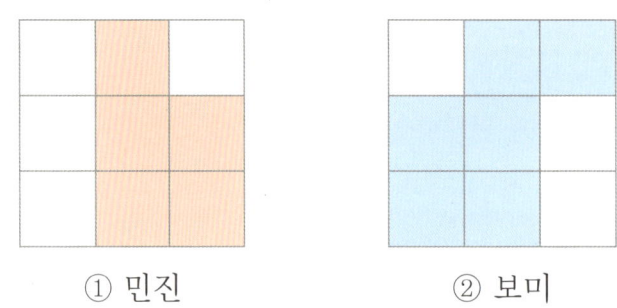

① 민진   ② 보미

3 책을 어느 봉투에 담는 것이 좋을까요? 어떤 봉투가 좋을지 ○표 하고, 그 이유를 설명해 보세요.

4 입구가 가장 좁은 병은 어떤 것인가요?

유형학습 ②

1 좁은 것부터 차례대로 번호를 쓰세요. (,   ,   )

2 두 친구가 땅따먹기를 했습니다. 더 넓은 지역을 차지한 친구는 누구일까요?

① 주황색: 은비
② 청록색: 수홍

3 강아지의 집을 고르고 있어요. 어떤 집이 좋을지 ○표 하고, 그 이유를 설명해 보세요.

 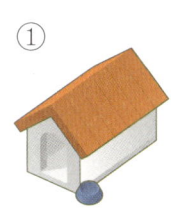 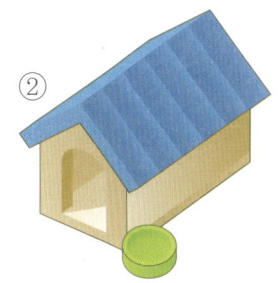

4 알맞은 뚜껑을 찾아서 이어 보세요.

찰랑찰랑 게임

컵 카드의 물 양을 비교하는 게임
물 양이 많은 카드를 낸 사람이 승리!

게임 준비물 컵 카드 스물두(22) 장

게임 방법
1. 컵 카드를 잘 섞고 뒤집어 가운데 둡니다.
2. 컵 카드를 각자 한(1) 장씩 뒤집어 봅니다.
3. 두 카드에 그려진 물의 양을 비교합니다.
4. 더 많은 양의 물이 담긴 카드를 낸 사람이 카드를 갖습니다.
5. 모든 카드를 뒤집으면 게임은 끝나고 카드를 더 많이 가진 사람이 이깁니다.

게임을 하려면 알아야 할 것

담을 수 있는 양 비교하는 방법

1) 직접 비교하기: 물건에 직접 물을 가득 부었을 때, 물의 양이 많을수록 담을 수 있는 양이 더 많습니다.

2) 모양과 크기가 같은 그릇에 담긴 물의 양 비교하기: 물의 높이가 높을수록 물의 양이 더 많습니다.

왼쪽 컵에 담긴 물의 양이 더 많다.

더 많다, 더 적다: 담을 수 있는 '양'이기 때문에 더 많다와 더 적다로 나타냅니다. 그러나, 담을 수 있는 그릇의 '크기'는 더 크다와 더 작다로 나타냅니다.

3) 모양과 크기가 다른 그릇에 담긴 물의 양 비교하기: 물의 높이가 같을 때 그릇 아래쪽의 넓이가 더 넓을수록 물의 양이 더 많습니다. 물의 높이가 다르다면 '직접 비교하기'의 방법으로 알 수 있습니다.

가장 많다, 가장 적다: 여러 개의 담을 수 있는 양을 비교할 때 사용합니다.
모양과 크기가 같은 그릇에 담긴 물의 양 비교하면 높이가 가장 높은 그릇의 물의 양이 '가장 많습니다'. 높이가 가장 낮은 그릇의 물의 양이 '가장 적습니다'.

오른쪽 컵에 담긴 물의 양이 더 많다.

4) 여러 개의 그릇에 담을 수 있는 양을 비교하는 방법: 한 컵에 물을 가득 담아 다른 컵에 부어서 비교하거나, 두 가지씩 묶어서 비교해 볼 수 있습니다.

게임을 하면서 배우는 것

양 비교: 이번 게임에서는 어떤 용기에 얼마나 담을 수 있는 지를 비교하는 연습을 해요. 1학년 1학기에 학습하는 '비교하기' 단원에서 볼 수 있고, 앞으로 배울 '부피'의 개념을 가장 먼저 접하는 게임이기도 해요. 부피란 넓이와 높이를 가진 어떤 물건이 차지하는 크기인데, 쉽게 생각하면 안이 텅 비어있을 때 물을 얼마나 담을 수 있는 지를 나타냅니다.

확인학습 1

1 그림을 보고 물음에 답하세요.

1) 담을 수 있는 양이 더 많은 것에 ○표 하세요.

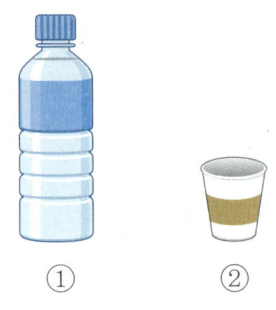

2) 담을 수 있는 양이 더 적은 것에 ○표 하세요.

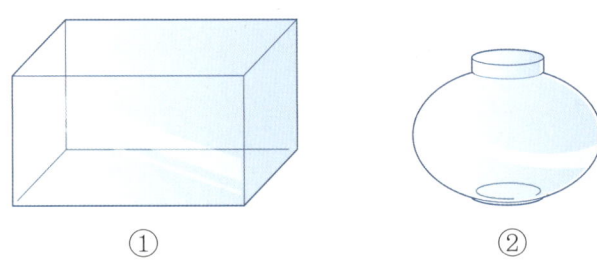

2 그림을 보고 알맞은 표현에 ○표 하세요.

1) 담을 수 있는 양이 가장 많은 것은 (양동이 / 컵 / 주전자)입니다.

2) 담을 수 있는 양이 가장 적은 것은 (양동이 / 컵 / 주전자)입니다.

3 담긴 물의 양이 더 적은 것에 ○표 하세요.

1)

2)

4 담을 수 있는 물의 양이 적은 차례대로 번호를 쓰세요.

(, ,)

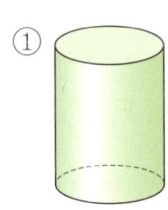 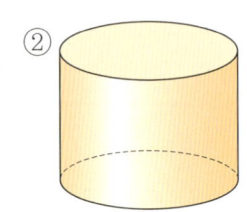 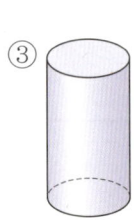

확인학습 ❷

1 그림을 보고 물음에 답하세요.

1) 담을 수 있는 양이 더 많은 것에 ○표 하세요.

2) 담을 수 있는 양이 더 적은 것에 ○표 하세요.

①   ②

①   ②

2 그림을 보고 알맞은 표현에 ○표 하세요.

1) 담을 수 있는 양이 가장 많은 것은 (냄비 / 접시 / 컵)입니다.

2) 담을 수 있는 양이 가장 적은 것은 (냄비 / 접시 / 컵)입니다.

3 담긴 물의 양이 더 많은 것에 ○표 하세요.

1)
   ①   ②

2)
   ①   ②

4 담을 수 있는 물의 양이 많은 차례대로 번호를 쓰세요.

(,   ,   )

① 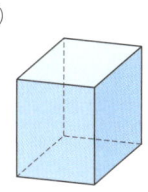   ② 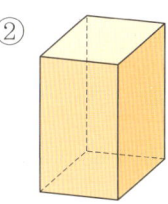   ③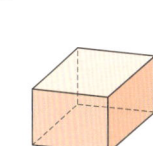

유형학습 ❶

1 그림을 보고 담기는 물의 양이 많은 차례대로 번호를 쓰세요.

(,   ,   ,   )

2 날짜별로 강우량을 나타낸 그림입니다. 비가 가장 많이 온 날은 언제일까요?

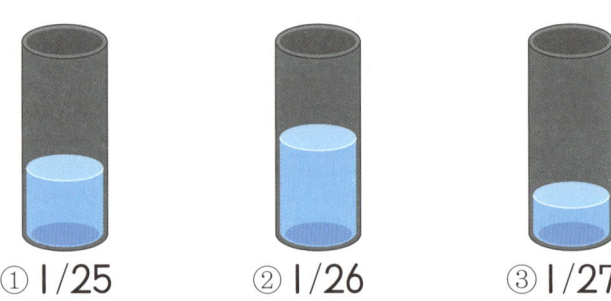

3 천장에서 물이 새고 있어요. 받쳐놓았을 때 물을 가장 많이 받을 수 있는 물건에 ○표 하세요.

4 ① 그릇에 물을 가득 채워 비어 있는 ② 그릇에 전부 부었더니, 그림과 같이 되었습니다. 담을 수 있는 물의 양이 더 많은 그릇은 어떤 그릇일까요?

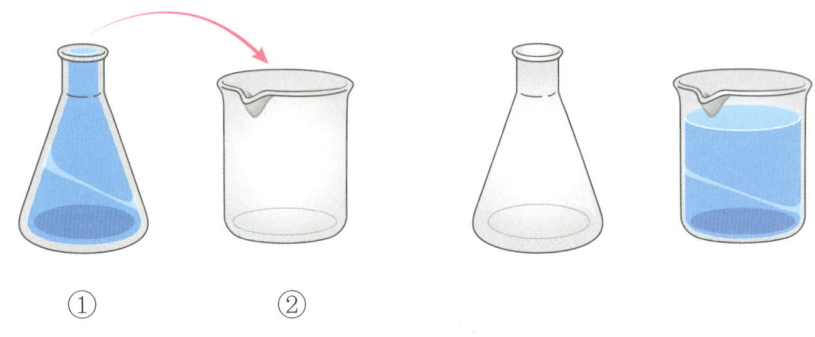

유형학습 ❷

1 배가 태풍을 만나 침몰하고 있어요. 배 안에 들어온 물을 밖으로 버리려고 해요. 어떤 그릇을 써야 더 오래 버틸 수 있을까요?

2 나라별로 강우량을 측정한 그림입니다. 비가 많이 온 차례대로 번호를 쓰세요.

(, ,)

3 사막을 건널 때 쓸 물통을 고르려고 합니다. 물을 더 많이 담을 수 있는 통에 ○표 하세요.

4 담긴 물의 양이 가장 많은 것에 ○표 하고, 가장 적은 것에 △표 하세요.

1)  2) 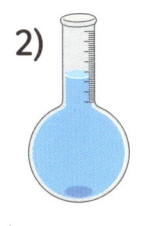 3)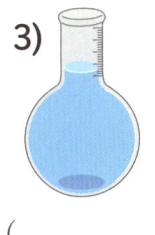

( )   ( )   ( )

너무 너무 무거워! 게임

무거운 것이 그려진 카드를 내면 이기는 게임.
별이 많을수록 무거운 카드.

게임 준비물 별 그림(깃털/고양이/어린 아이/돼지/자동차) 카드 각각 두(2) 장씩 모두 열(10) 장

게임 방법
1. 카드를 잘 섞어 바닥에 뒤집어 놓습니다.
2. 각자 카드를 한(1) 장씩 뒤집습니다.
3. 무게가 더 무거운 카드를 낸 사람이 카드 두(2) 장을 모두 가져갑니다.
   카드에 표시된 별의 수가 많을수록 무겁습니다.
4. 같은 무게를 냈을 경우 놔뒀다가 다음번에 이긴 사람이 모두 갖습니다.
5. 카드를 다 뒤집은 다음 카드를 더 많이 가진 사람이 이깁니다.

게임을 하려면 알아야 할 것

무게를 비교하는 방법

1) 손으로 들어서 비교: 물건을 손으로 들었을 때, 힘이 더 들수록 더 무겁습니다.

2) 양팔 저울로 비교: 물건을 양팔 저울에 올려놓았을 때 아래로 내려갈수록 더 무겁습니다.

무겁다, 가볍다: 무게가 더 많이 나가는 것을 '더 무겁다', 무게가 더 적게 나가는 것을 '더 가볍다'고 합니다.

가장 무겁다, 가장 가볍다: 여러 물건의 무게를 함께 비교할 때, 무게가 가장 많이 나가는 것을 '가장 무겁다', 무게가 가장 적게 나가는 것을 '가장 가볍다'고 합니다.

3) 세 가지 물건의 무게 비교: 손으로 들거나 양팔 저울로 비교할 때 세 가지 물건을 동시에 비교할 수 없습니다. 그렇기 때문에 두 가지씩 비교합니다.

4) 같은 물건의 무게 비교: 같은 물건이 여러 개 있을 때, 물건의 개수가 더 많은 쪽이 더 무겁습니다. 예를 들어 하선이는 연필을 백 자루 갖고 있고, 예진이는 연필을 한 자루 갖고 있다면, 하선이가 갖고 있는 연필 백 자루의 무게가 예진이가 갖고 있는 연필 한 자루보다 더 무겁습니다.

게임을 하면서 배우는 것

무게 비교: 이번 게임은 1학년 1학기의 비교하기 단원의 무게 비교하기를 연습해요. 앞서 길이, 넓이, 부피에 대해서 비교했고, 마지막은 무게의 비교예요. 실제로 어떤 물건의 무게가 더 가볍고, 무거울 지를 생각해보아야 하는 단원이에요.

확인학습 ❶

1 무게를 나타내는 알맞은 표현에 ○표 하세요.

1) 풍선은 (짧아요 / 넓어요 / 가벼워요 / 커요)
2) 아이는 (길어요 / 좁아요 / 무거워요 / 작아요)

2 더 가벼운 것에 ○표 하세요.

1)

2)

3 더 무거운 것에 ○표 하세요.

1)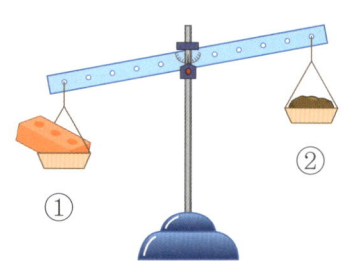

2)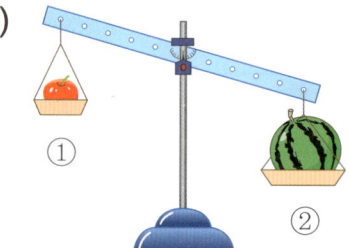

4 그림을 보고 물음에 답하세요.

1) 가장 가벼운 동물은 무엇일까요? (　　　)
2) 가장 무거운 동물은 무엇일까요? (　　　)

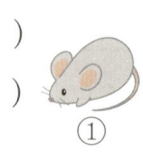  

확인학습 ❷

1 더 무거운 것에 ◯표 하세요.

1) ① ② 2) ① ②

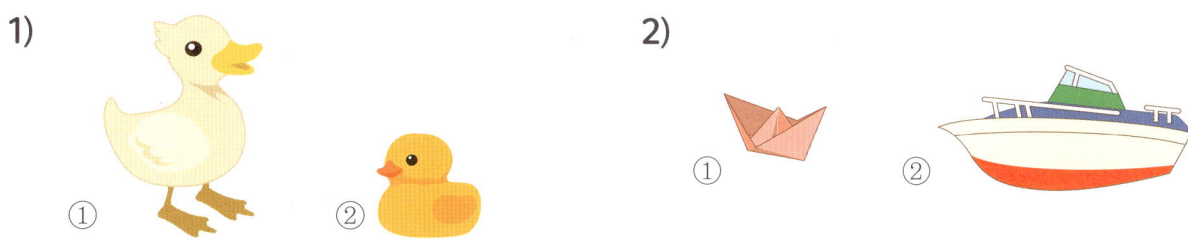

2 더 가벼운 것에 ◯표 하세요.

1) ① ② 2) ① ②

3 그림을 보고 알맞은 표현에 ◯표 하세요.

1) 토끼가 거북이보다 더 (무겁습니다 / 가볍습니다)
2) 거북이는 토끼보다 더 (무겁습니다 / 가볍습니다)

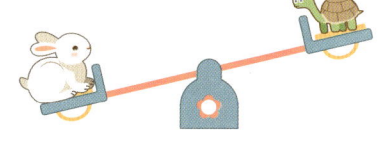

4 그림을 알맞은 표현과 이어 보세요.

가장 무겁습니다.   가장 가볍습니다.
　　①　　　　　　　　②

　ㄱ　　　ㄴ　　　ㄷ

유형학습 １

1 더 무거운 것에 ○표 하세요.

1)
   ①　　　　　②

2)
   ①　　　　　②

2 강아지와 고양이가 시소에 올라갔더니, 그림처럼 됐어요.
둘 중 더 무거운 것은 어느 것일까요?

(　　　　　)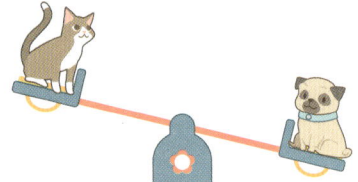

3 양팔 저울이 그림처럼 되도록 거북이와 달팽이를 올려놨어요.
더 무거운 것은 어느 것일까요?

①  ② 　　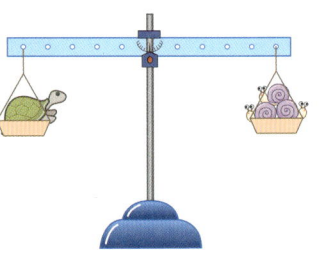

4 아빠와 지유가 장을 보고 집으로 돌아가려고 합니다. 가장 무거운 물건에 ○표 하세요.

① 쌀　　　　② 빵　　　　③ 뻥튀기

유형학습 ②

1 더 무거운 것에 ○표 하세요.

1) ① 휴대폰 ② 벽돌
2) ① 자전거 ② 곰인형

2 그림을 보고 가장 가벼운 것에 ○표 하세요.

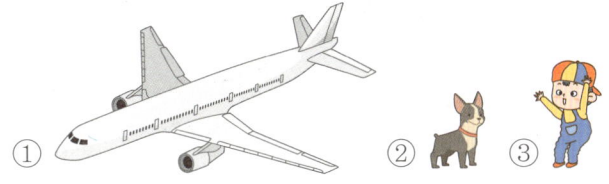

① 비행기 ② 강아지 ③ 사람

3 아빠와 삼촌이 운동을 하고 있습니다. 막대에 끼우는 기구 각각의 무게가 같다고 할 때, 아빠와 삼촌 중 누가 더 무거운 것을 들었을까요?

① 아빠   ② 삼촌

4 양팔 저울이 그림처럼 되도록 과자와 빵을 올려놨어요. 어떤 것이 더 무거울까요?

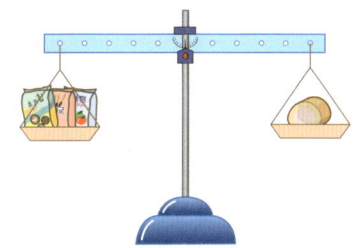

① 과자 1봉지   ② 🥖 빵 1봉지

시계 빙고 게임

카드를 보고 빙고 판에 적은 시각을 지우는 게임.
네 줄을 먼저 만들면 승리!

게임 준비물 빈 종이 (빙고 판용), 시계 카드 스물네(24) 장 (카드 앞면에 빨강 테두리-출발카드)

게임 방법
1. 종이에 빙고 판 (가로 세로 칸 수 같게) 네(4) 칸을 그리고 시각을 적습니다. 1시부터 12시 30분까지 시각 중 30분 간격으로 중복되지 않게 적습니다.
2. 시계 카드를 잘 섞고 시계 그림이 보이지 않도록 바닥에 쌓아 놓습니다.
3. 번갈아가며 카드를 한(1) 장씩 뒤집어서 시계를 봅니다.
4. 시계 카드의 시각이 빙고 판에 적혀 있으면 빙고 판의 시각에 ×표 합니다.
5. 가로, 세로, 대각선 중 ×표 네(4) 개가 표시된 줄 네(4) 개를 먼저 만들면 이깁니다.

게임을 하려면 알아야 할 것

시계를 보는 방법

1) 시침

시계 바늘 중 짧은 바늘. '시'를 나타냅니다. 1을 가리키면 한(1)시. 2를 가리키면 두(2)시입니다.

2) 분침

시계 바늘 중 긴 바늘. '분'을 나타냅니다. 분은 특이하게 시를 가리키는 큰 숫자의 5배가 분입니다. 예를 들어 1을 가리키면 5분, 2를 가리키면 10분입니다.

3) 반

30분을 반이라고 합니다. 따라서 분침이 6을 가리키는 것이 30분입니다. 반은 뒤에 '분'을 붙이지 않습니다.

 시각을 말할 때는 시를 먼저 말하고 분을 말합니다. 예를 들어, 7:30은 일곱(7)시 30분 또는 일곱(7)시 반 이라고 말합니다.

게임을 하면서 배우는 것

30분 간격 시계 보기 : 1학년 2학기 '시계 보기' 단원을 연습할 거예요. 어른들은 시계를 당연히 볼 줄 안다고 생각하겠지만, 아이들이 처음으로 수학의 벽을 마주하는 단원이 바로 이 시계 보기 단원이에요. 어른들은 '이걸 왜 모르지?'하고 아이들은 아날로그시계 자체를 볼 일이 잘 없으니까요. 오전, 오후가 있을 때 사용하는 12시간제 시계를 보는 방법을 공부할 거예요.

확인학습 ❶

1 시계를 읽는 방법 설명입니다. 빈칸에 알맞은 수를 써넣으세요.

1) 긴 바늘이 12를 가리키고, 짧은 바늘이 2를 가리킬 때 (　　)시입니다.
2) 긴 바늘이 6을 가리키고, 짧은 바늘이 6과 7사이에 있을 때 (　　)시 (　　)분입니다.

2 오른쪽 시계에 11시 30분을 나타내려고 합니다. 물음에 답하세요.

1) 긴 바늘이 어느 숫자를 가리키도록 그려야 합니까? (　　)
2) 짧은 바늘이 어느 숫자 사이를 가리키도록 그려야합니까?
   (　　)과 (　　)
3) 시계에 11시 30분을 나타내 보세요. (　　)

3 다음은 시은이와 시현이가 일어난 시각입니다. 누가 더 일찍 일어났을까요?

① 시은　　　　　　　　　　② 시현

4 같은 시각을 찾아 이어 보세요.

확인학습 ❷

1 오른쪽 시계에 8시를 나타내려고 합니다. 물음에 답하세요.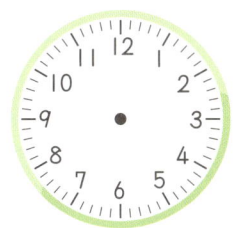

  1) 긴 바늘이 어느 숫자를 가리키도록 그려야 합니까? (   )
  2) 짧은 바늘이 어느 숫자를 가리키도록 그려야합니까? (   )
  3) 시계에 8시를 나타내 보세요.

2 시각을 써 보세요.

1)    2)    3)

(   )시 (   )분   (   )시 (   )분   (   )시 (   )분

3 다음 내용에 알맞게 시각을 모형 시계에 나타내 보세요.

  1) 찬영이는 오전 9시에 학교에 갔습니다.   2) 혜정이는 오후 1시 30분에 집에 왔습니다.

4 다음 유정이와 소현이가 잠든 시각입니다. 누가 더 일찍 잠들었나요?

① 유정    ② 소현

유형학습 1

1 그림을 보고 문장을 완성하세요.

 민지는 (　　　)시에 책을 읽고 있습니다.

2 다음 내용에 알맞게 시각을 모형 시계에 나타내 보세요.

소풍가는 버스는 9시 30분에 출발합니다.

3 다음은 찬우가 어제 낮에 한 일입니다. 먼저 한 일부터 차례대로 번호를 쓰세요.

① 축구하기　　② 간식 먹기　　③ 책 읽기

(　　　,　　　,　　　)

4 다음 중 6시와 9시 사이의 시각을 고르세요.

유형학습 ②

1 계획표에 알맞게 시각을 모형 시계에 나타내 보세요.

2 그림에 나타난 시계의 긴 바늘이 한 바퀴 더 돌았을 때의 시각을 구해 써 보세요.

1) (　　)시 (　　)분　　2) (　　)시 (　　)분　　3) (　　)시 (　　)분

3 민주와 이안이가 말하는 시각은 몇 시일까요? (　　　)시

> 민주: 시계의 긴 바늘이 12를 가리켜요.
> 이안: 시계의 짧은 바늘이 7을 가리켜요.

4 다음 중 2시와 5시 사이의 시각을 모두 고르세요.

정각 만들기 게임

짝꿍 카드를 찾으면 갖는 게임.
분끼리 더해서 정각이 되면 짝꿍!

게임 준비물 시계 카드(2시에서 3시 30분 사이) 열네(14) 장

게임 방법
1. 카드를 잘 섞고 그림이 보이지 않게 뒤집어 펼쳐 놓습니다.
2. 번갈아가면서 카드를 두(2) 장씩 뒤집습니다.
3. 짝꿍 카드를 찾으면 카드를 가져가고, 한 번 더 뒤집습니다.
   짝꿍 카드는 분끼리 더해서 정각(0 또는 60)이 되는 카드입니다.
4. 카드를 더 많이 가져간 사람이 이깁니다.

게임을 하려면 알아야 할 것

분침 읽는 방법

숫자	12	1	2	3	4	5	6	7	8	9	10	11
분	정각(60)	5	10	15	20	25	30	35	40	45	50	55

60분과 30분을 이은 선의 왼쪽과 오른쪽의 반대 자리에 있는 분을 합하면 정각이 됩니다.

숫자 사이 작은 눈금 한 칸이 1분이에요.

1) 시각이 4시 30분일 때, 10분 전은 4시 20분, 10분 후는 4시 40분입니다.
2) 시각이 4시 50분이라고 할 때, 30분 전은 4시 20분, 30분 후는 5시 20분입니다.
3) 60분은 0분이고, '전'이면 빼기, '후'면 더하는 것을 잊지마세요!

게임을 하면서 배우는 것

분침 읽기 : 이번 게임에서는 분침을 읽는 방법을 조금 더 자세하게 연습할 거예요. 지난 게임에서는 0분일 때, 30분일 때만 보았지만, 이번에는 모든 시각을 읽는 방법을 배웁니다.

확인학습 1

1 분침이 각 숫자를 가리킬 때, 몇 분을 나타내는지 빈칸에 알맞은 숫자를 쓰세요.

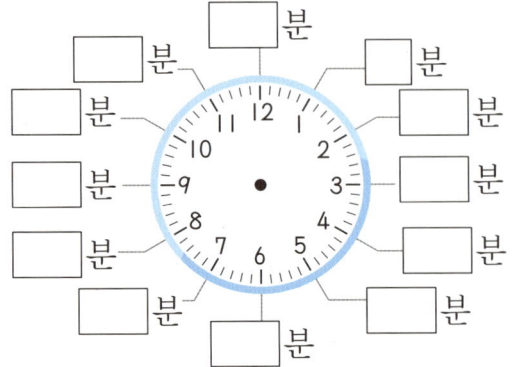

2 시계가 나타내는 시각을 써 보세요.

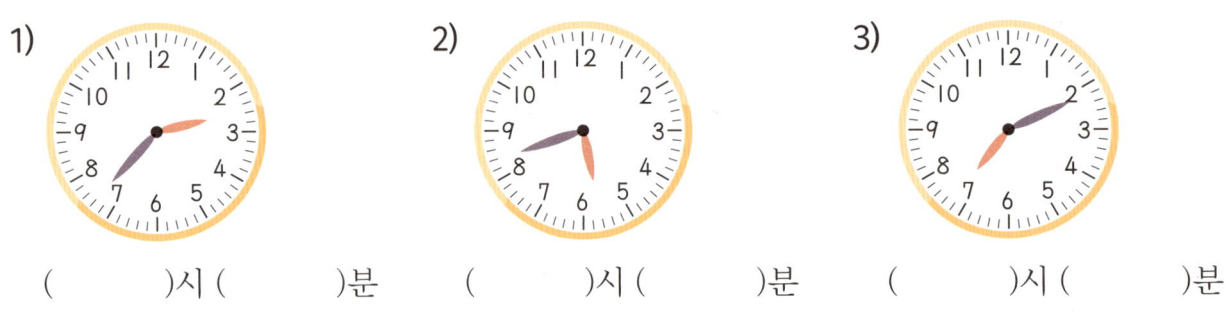

1) (　　)시 (　　)분　　2) (　　)시 (　　)분　　3) (　　)시 (　　)분

3 다음의 시각을 시계에 나타내 보세요.

1) 9:24　　2) 8:03　　3) 7:54

4 시계를 읽고 몇 시 몇 분 전/후로 써 보세요.

1) (　　)시 (　　)분 전　　2) (　　)시 (　　)분 후　　3) (　　)시 (　　)분 전

확인학습 ❷

1 분침이 각 숫자를 가리킬 때, 몇 분을 나타내는지 빈칸에 알맞은 숫자를 쓰세요.

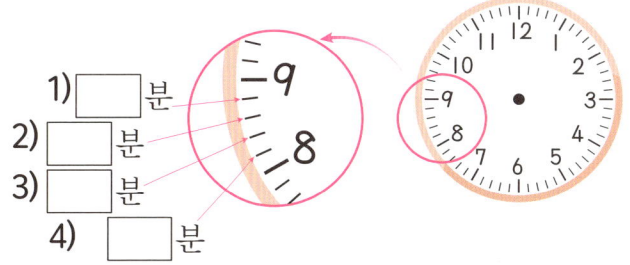

2 시계가 나타내는 시각을 써 보세요.

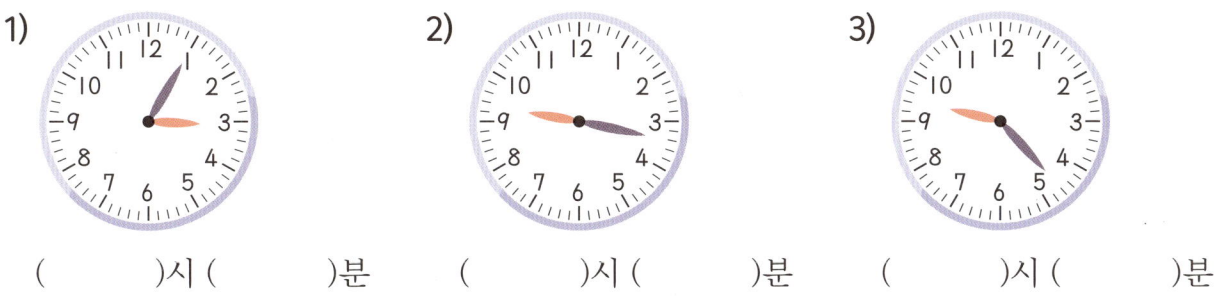

( )시 ( )분   ( )시 ( )분   ( )시 ( )분

3 다음의 시각을 시계에 나타내 보세요.

1) 12:41   2) 5:30   3) 1:27

      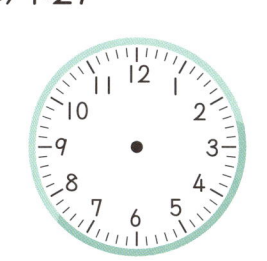

4 시계에 나타난 시각을 몇 시 몇 분 전/후로 써 보세요.

( )시 ( )분 전   ( )시 ( )분 전   ( )시 ( )분 후

유형학습 ①

1 같은 시각끼리 이어 보세요.

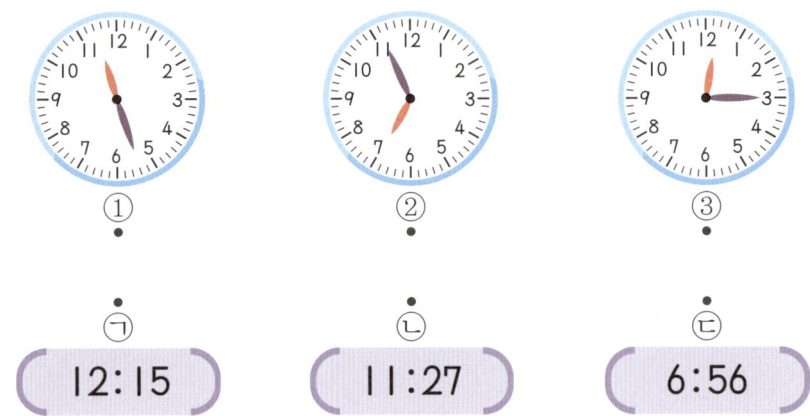

2 같은 시각끼리 이어 보세요.

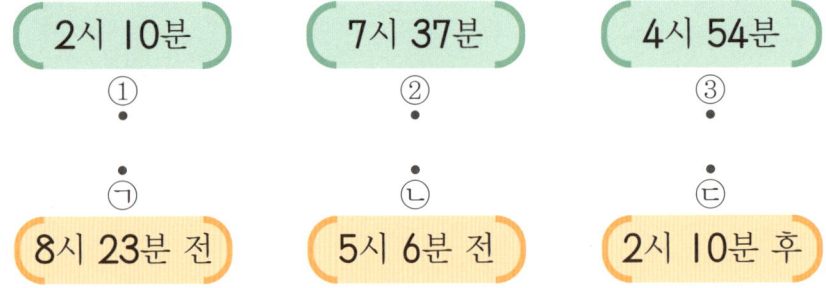

3 윤지와 지수가 학교에 왔습니다. 누가 더 먼저 왔을까요?

① 윤지: 나는 오늘 8시 57분에 학교에 왔어.
② 지수: 나는 오늘 9시 4분 전에 학교에 왔어.

4 아래에서 설명하는 시각은 몇 시 몇 분일까요? (　　)시 (　　)분

- 시계의 짧은 바늘이 숫자 5와 6 사이를 가리킵니다.
- 시계의 긴 바늘이 숫자 9를 가리킵니다.

유형학습 ②

1 같은 시각끼리 이어 보세요.

2 같은 시각끼리 이어 보세요.

3 신혜와 보경이가 만났습니다. 누가 더 먼저 약속 장소에 왔을까요?

① 신혜: 나는 오늘 2시 45분에 도착했어.
② 보경: 나는 오늘 3시 17분 전에 도착했어.

4 아래에서 설명하는 시각은 몇 시 몇 분일까요? (   )시 (   )분

- 시계의 짧은 바늘이 숫자 8과 9 사이를 가리킵니다.
- 시계의 긴 바늘이 숫자 4를 가리킵니다.

언제 도착해 게임

숫자 카드만큼 간 시각을 맞히는 게임

12시 카드에 먼저 도착하면 승리

게임 준비물 시계 카드 스물네(24) 장(빨강 테두리의 출발 카드), 숫자 카드 열(10) 장(빨강)

게임 방법
1. 빨강 테두리의 출발 카드 중에서 그림을 보지 않고 각자 다섯(5) 장씩 뽑습니다.
2. 가운데 12시 카드를 놓고 출발 카드를 줄지어 놓습니다.
3. 빨강 숫자 카드 중에서 다섯(5) 장씩 뽑아서 출발 카드 옆에 하나씩 놓습니다.
4. 번갈아가며 출발 카드와 시간 카드를 동시에 뒤집어 시계를 봅니다.
5. 출발 카드의 시각에서 숫자 카드의 시간만큼 지난 시각을 구합니다.
6. 맞으면 다음 두 카드를 뒤집고, 틀리면 제자리에 있으면서 상대의 차례가 됩니다.
7. 가운데 12시 카드에 먼저 도착하면 이깁니다.

게임을 하려면 알아야 할 것

1. 시간을 분으로 고치는 방법
① 시간과 분으로 나눕니다.
② 1시간을 60분으로 바꿔 주세요.
③ 나온 분을 다 더하세요.

> 2시간+20분=1시간+1시간+20분
> =60분+60분+20분
> =140분(=2시간 20분)

2. 시간 구하는 방법(오전, 오후가 같을 때)
① 늦은 시간에서 이른 시간을 뺍니다.
② 받아내림이 생길 경우에는 1시간을 60분으로 고친 후 계산하세요.
③ '시'는 '시'끼리, '분'은 '분'끼리 계산하세요.

> 7시 10분-3시 30분
> ↓
> 6시 70분-3시 30분
> ↓
> 6시간-3시간= 3시간, 70분-30분=40분.
> 7시 10분-3시 30분=3시간 40분

시각은 어떤 일이 일어난 때를 말해요.
(예: 2시 30분)

시간은 어떤 시각부터 다른 시각 사이를 말해요.
(예: 1시부터 4시까지는 3시간)

긴 바늘(분침)은 60분 동안 한(1) 바퀴를 돌고, 짧은 바늘(시침)은 12시간 동안 한(1) 바퀴를 돕니다. 1시간은 60분입니다.

게임을 하면서 배우는 것

시간 계산 : 지난 게임에 이어서 2학년 2학기 시각과 시간 단원에서 배울 '시간'부분을 연습할 차례입니다. 이번 게임에서는 시계를 보는 것에서 더 나아가서 시계를 보고 시간을 계산하는 방법을 배웁니다.

확인학습 ❶

1 빈칸에 알맞은 수를 써넣으세요.

1) 1시간은 ☐분입니다.
2) 2시간 15분은 ☐분입니다.
3) 100분은 ☐시간 ☐분입니다.
4) 3시간 23분은 ☐분입니다.
5) 150분은 ☐시간 ☐분입니다.
6) 1시간 5분은 ☐분입니다.

2 알맞은 표현에 ○표 하세요.

1) 윤재가 잠에 드는 (시각 / 시간)은 밤 9시입니다.
2) 해가 뜨는 (시각 / 시간)은 새벽 5시 42분입니다.

3 그림을 보고 알맞은 시각을 구하세요.

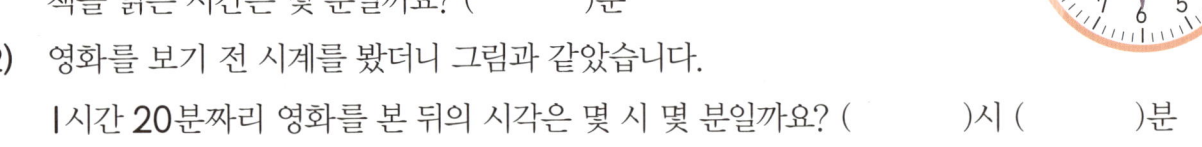

1) 4시부터 책을 읽고 시계를 봤더니 그림과 같았습니다. 책을 읽은 시간은 몇 분일까요? (   )분
2) 영화를 보기 전 시계를 봤더니 그림과 같았습니다. 1시간 20분짜리 영화를 본 뒤의 시각은 몇 시 몇 분일까요? (   )시 (   )분
3) 동생과 40분 동안 놀고 시계를 봤더니 그림과 같았습니다. 동생과 놀기 시작한 시각은 몇 시 몇 분일까요? (   )시 (   )분

4 소영이가 1시부터 낮잠을 자기 시작해서 80분을 잤습니다. 자고 일어났을 때의 시각을 시계에 나타내세요.

확인학습 ②

1 빈칸에 알맞은 수를 써넣으세요.

1) 1시간 30분은 ☐분입니다.
2) 3시간 45분은 ☐분입니다.
3) 115분은 ☐시간 ☐분입니다.
4) 2시간 17분은 ☐분입니다.
5) 340분은 ☐시간 ☐분입니다.
6) 140분은 ☐시간 ☐분입니다.

2 알맞은 표현에 ○표 하세요.

1) 현재 (시각 / 시간)은 2시 15분입니다.
2) 70분은 60분+10분이므로 1 (시각 / 시간) 10분이다.

3 그림을 보고 알맞은 시각을 구하세요.

1) 채영이가 일어난 지 50분이 지났을 때 본 시계가 그림과 같았습니다. 채영이가 일어난 시각은 몇 시 몇 분일까요? (　　)시 (　　)분

2) 주홍이가 학교에 가기 전에 본 시계는 그림과 같았습니다. 학교에 가는 데 30분이 걸렸습니다. 학교에 도착한 시각은 몇 시 몇 분일까요? (　　)시 (　　)분

3) 소민이가 책을 읽기 전에 본 시계는 그림과 같았습니다. 90분 동안 책을 본 뒤의 시각은 몇 시 몇 분일까요? (　　)시 (　　)분

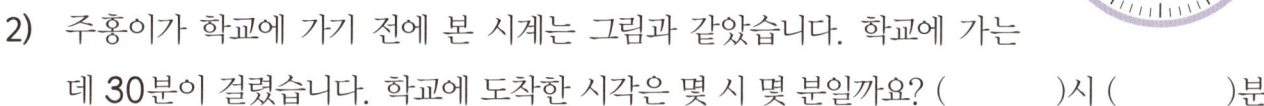

4 염이가 영화를 보기 전 시각은 5시 30분이었습니다. 100분짜리 영화가 끝난 뒤의 시각을 시계에 나타내세요.

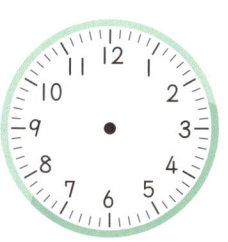

유형학습 1

1 같은 시간끼리 이어 보세요.

2 메이가 아이스크림을 만들었습니다. 냉동실에 재료를 넣은 시각과 꺼낸 시각을 나타낸 것입니다. 그림을 보고 문제에 대한 답을 구하세요.

1) 3시 45분부터 4시까지는 몇 분일까요? (　　　)분

2) 4시부터 4시 20분까지는 몇 분일까요? (　　　)분

3) 3시 45분부터 4시 20분까지는 몇 분일까요? (　　　)분

3 아영이와 동생이 키즈 카페에 들어왔을 때와 나올 때의 시각을 나타낸 것입니다. 문제를 읽고 답을 구하세요.

1) 아영이와 동생이 키즈 카페에 있던 시간은 몇 시간 몇 분입니까? (　　　)시간 (　　　)분

2) 키즈 카페에서 보낸 시간을 분으로 나타내세요. (　　　)분

유형학습 ❷

1 같은 시간끼리 이어 보세요.

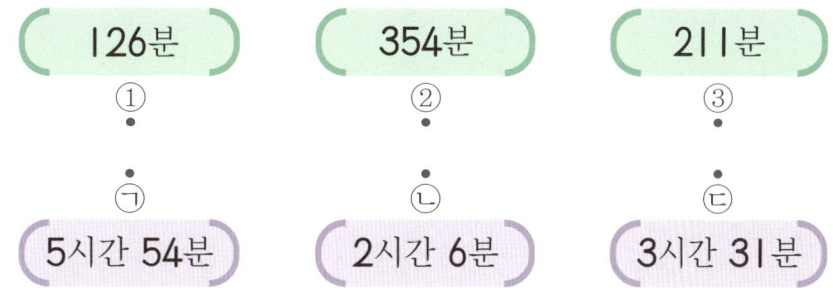

2 안나가 할머니 댁에 갈 때, 출발한 시각과 도착한 시각을 나타낸 것입니다. 그림을 보고 문제에 대한 답을 구하세요.

1) 출발한 시각부터 9시까지는 몇 분일까요? (　　　)분
2) 9시부터 11시까지는 몇 분일까요? (　　　)분
3) 11시부터 도착한 시각까지는 몇 분일까요? (　　　)분
4) 할머니 댁에 가는 데 걸린 시간은 몇 분일까요? 시간과 분으로도 나타내세요.

(　　　)분 / (　　　)시간 (　　　)분

3 나카무라가 친구와 만난 시각과 헤어진 시각을 나타낸 시계입니다. 나카무라는 친구와 얼마동안 만났을까요? (　　　)분 / (　　　)시간 (　　　)분

오늘 내일 모레 게임

주사위 던져서 결승점에 먼저 도착하면 승리
두 카드를 더한 시각을 구해야 주사위를 던진다!

게임 준비물   시계 카드 서른네(34) 장, 조커 카드 네(4) 장, 숫자 카드 오십(50) 장 (1~50), 말

게임 방법

1. 시계 카드와 조커 카드 그림이 보이게 놓고 원하는 모양의 길을 만듭니다.
2. 숫자 카드를 잘 섞어 뒤집어 쌓아 두고 각자 말을 출발점 카드 위에 놓습니다.
3. 자기 차례가 되면 숫자 카드 중 한 장을 뽑아 숫자를 봅니다. 자기 말이 있는 시계 카드의 시각에서 숫자 만큼의 시간이 지나면 오늘, 내일, 모레 중 언제 몇 시가 되는지 계산합니다.
   시계 카드는 모두 오전 시각이라고 가정하고 계산합니다.
4. 답을 맞히면 주사위를 던져서 나온 눈만큼 말을 앞으로 보내고 차례를 넘깁니다.
   답을 맞히지 못하면 말을 움직이지 못하고 차례를 넘깁니다.
5. 조커 카드에 도착하면 숫자 카드를 뒤집지 않고 주사위를 던져 말을 움직입니다.
6. 결승점 카드에 먼저 말을 보내는 사람이 승리합니다.

게임을 하려면 알아야 할 것

1. 날짜가 달라지는 시간 구하는 방법

오전은 0시부터 12시까지 12시간, 오후는 12시부터 24시까지 12시간입니다. 하루는 오전 12시간과 오후 12시간을 더한 24시간입니다.

이것을 이용해서 몇 시간이 며칠인지 계산할 수 있습니다.

1) 48시간=24시간+24시간=1일+1일=2일
2) 60시간=24시간+24시간+12시간=1일+1일=2일 12시간

2. 생활계획표 만들기

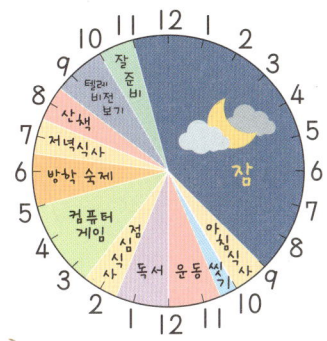

1) 맨 위의 12와 맨 아래의 12를 중심으로 왼쪽은 오후, 오른쪽은 오전을 나타냅니다.
2) 가운데 있는 점과 원의 가장자리에 있는 시각을 연결합니다.
3) 시각과 시각 사이에 할 일을 적습니다.

3. 시간 띠 읽는 방법

 색칠되어 있는 눈금의 왼쪽 위의 숫자부터 오른쪽 위의 숫자까지의 시간입니다. 왼쪽 시간띠의 경우, 1시부터 2시까지를 나타냅니다.

> 오전부터 오후까지의 시간을 구할 때는 정오(낮 12시)를 기준으로 오전부터 정오까지의 시간과 정오부터 오후까지의 시간을 더하는 것을 연습하면 계산이 훨씬 쉽습니다.
> - 예를 들어, 오전 8시부터 오후 1시까지라면, 오전 8시부터 낮 12시까지=4시간, 낮 12시부터 오후 1시까지=1시간이므로, 4시간+1시간=5시간이 됩니다.

게임을 하면서 배우는 것

날짜 : 앞 게임에서는 오전 중의 시간, 오후 중의 시간이었지만, 이번에는 오전 시각과 오후 시각 사이의 시간 변화나 날짜가 달라지는 경우에 대한 것도 배웁니다.

확인학습 ❶

1 자기의 생활 계획표를 만들어 보세요.

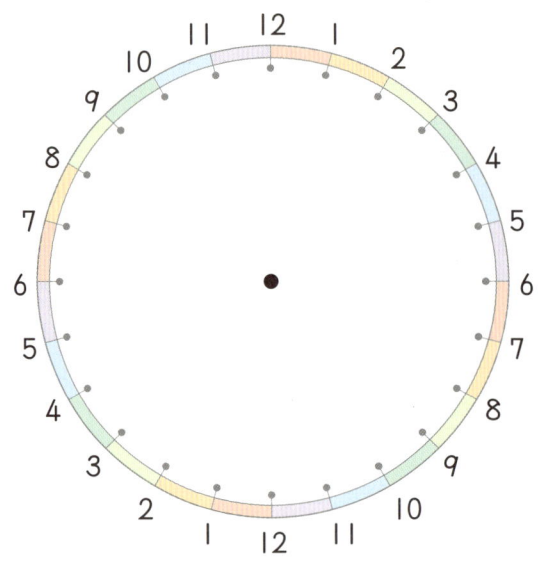

2 빈칸에 알맞은 숫자를 쓰세요.

1) 1일은 ☐ 시간입니다.
2) 25시간은 ☐ 일 ☐ 시간입니다.
3) 30시간은 ☐ 일 ☐ 시간입니다.
4) 1일 12시간은 ☐ 시간입니다.
5) 1일 3시간은 ☐ 시간입니다.
6) 29시간은 ☐ 일 ☐ 시간입니다.

3 알맞은 표현에 ○표 하세요.

1) 낮잠을 자는 시각은 (오전 / 오후) 2시입니다.
2) 해가 뜨는 시각은 (오전 / 오후) 6시입니다.

4 시간띠에 오전 12시간을 색칠해보세요.

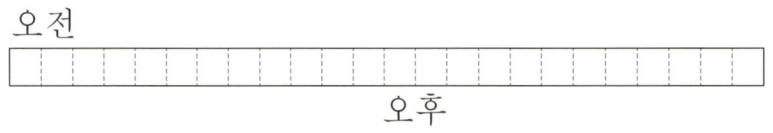

확인학습 ❷

1 준희의 방학 생활 계획표를 완성해 주세요.

1) 오전 7시부터 8시까지 아침을 먹습니다.
2) 오전 10시부터 11시까지 책을 읽습니다.
3) 오후 2시부터 3시까지 그림을 그립니다.
4) 오후 8시부터 9까지 잘 준비를 합니다.

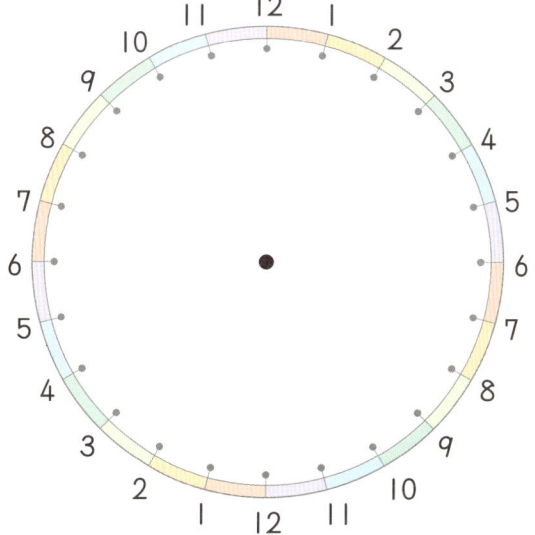

2 빈칸에 알맞은 숫자를 써넣으세요.

1) 2일은 ☐시간입니다.
2) 45시간은 ☐일 ☐시간입니다.
3) 35시간은 ☐일 ☐시간입니다.
4) 1일 15시간은 ☐시간입니다.
5) 1일 12시간은 ☐시간입니다.
6) 40시간은 ☐일 ☐시간입니다.

3 알맞은 표현에 ○표 하세요.

1) (오전 / 오후) 9시 이후에는 이웃집에 피해를 주지 않기 위해 조용히 해주세요.
2) 아침 식사는 매일 (오전 / 오후) 7시에 먹습니다.

4 오전 10시부터 오후 4시까지의 시간을 구하려고 합니다. 빈칸에 알맞은 숫자를 써넣으세요.

1) 오전 10시부터 오후 12시까지의 시간은 ☐시간입니다.
2) 오후 12시부터 오후 4시까지의 시간은 ☐시간입니다.
3) 오전 10시부터 오후 4시까지의 시간은 ☐시간입니다.

유형학습 1

1 하루의 시간은 24시간입니다. 빈칸에 알맞은 숫자를 써넣으세요.

1) 오전은 12시간이고, 오후는 ☐ 시간입니다.

2) 오늘 낮의 길이는 10시간이고, 밤의 길이는 ☐ 시간입니다.

2 오른쪽 시계에 나타난 시각이 들어간 문장을 각각 완성해 보세요.

1) 오전 8시: _____

2) 오후 8시: _____

3 창엽이의 방학 생활 계획표입니다. 물음에 답하세요.

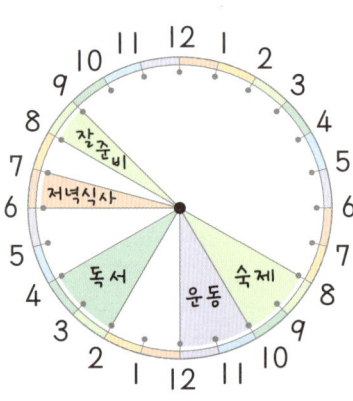

1) 창엽이가 운동을 하는 시각은 몇 시부터 몇 시까지 일까요?

( )시부터 ( )까지

2) 창엽이가 숙제를 하는 시간은 몇 시간일까요?

( )시간

3) 창엽이는 오전에 어떤 활동을 할까요?

(,)

4 요환이의 어머니께서 오전 9시에 출근하셔서 오후 6시에 퇴근하셨습니다.

1) 요환이의 어머니께서 직장에서 일하신 시간만큼 색칠해 보세요.

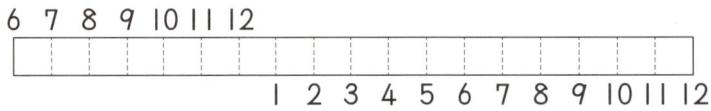

2) 요환이의 어머니께서 직장에서 일하신 시간은 몇 시간일까요? ( )시간

유형학습 ②

1 하루의 시간은 24시간입니다. 빈칸에 알맞은 숫자를 써넣으세요.

1) 오늘 재석이가 8시간동안 잤습니다. 재석이가 깨어 있는 시간은 ☐시간입니다.

2) 오늘 집에 있던 시간은 17시간입니다. 바깥에 나가 있던 시간은 ☐시간입니다.

2 오른쪽 시계에 나타난 시각이 들어간 문장을 각각 완성해 보세요.

1) 오전 9시: _____

2) 오후 9시: _____

3 동민이의 방학 생활 계획표입니다. 물음에 답하세요.

1) 동민이가 산책을 하는 시각은 몇 시부터 몇 시까지 일까요?
(　　)시부터 (　　)까지

2) 동민이가 독서를 하는 시간은 몇 시간일까요?
(　　)시간

3) 동민이가 오후에 하는 활동은 무엇일까요?
(　　　　,　　　　,　　　　)

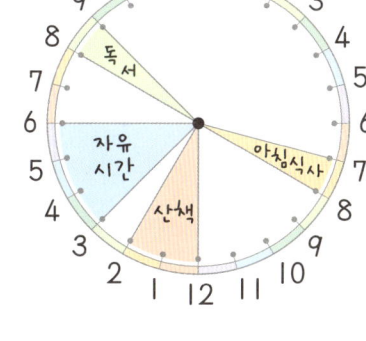

4 우리 동네 백화점이 여는 시간은 시간띠에 표시했습니다.

1) 백화점에서 물건을 사기 위해서는 몇 시가 된 다음에 가야 할까요? (　　)시

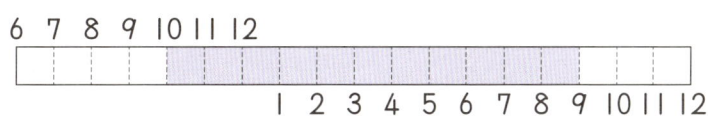

2) 백화점이 여는 시간은 몇 시간일까요? (　　)시간

특별한 날 찾기 게임

카드에 적힌 날을 달력에서 찾는 게임.
먼저 찾으면 카드는 내 것!

게임 준비물 탁상 달력 두(2) 개, 기념일 카드 열(10) 장

게임 방법
1. 기념일 카드를 잘 섞고 뒤집어 놓습니다.
2. 번갈아가며 카드를 한(1) 장 뽑아서 적혀 있는 날짜가 보이게 뒤집습니다.
3. 탁상 달력에서 그 날짜의 요일을 찾아 먼저 외치는 사람이 카드를 가져갑니다.
4. 카드를 더 많이 가져간 사람이 승리합니다.
5. 빈 카드에 가족이나 친구의 생일 등 자기만의 기념일을 적어도 됩니다.
6. 게임에 익숙해지면, 규칙을 추가할 수 있습니다.
   예) 주어진 날짜가 있는 달의 마지막 날이 어떤 요일인지 찾기
   　　주어진 날짜가 있는 달의 첫 번째 월요일이 며칠인지 찾기

게임을 하려면 알아야 할 것

달력의 규칙

1) 요일은 7일마다 반복됩니다. 예를 들어 1일이 월요일이면 8일, 15일, 22일, 29일도 월요일입니다.
2) 달력에서 세로줄은 같은 요일입니다.
3) 달력에서 가로줄은 같은 '주'를 나타냅니다.

5월

일	월	화	수	목	금	토
	1	2	3 (석가탄신일)	4	5 (어린이날)	6
7	8 (어버이날)	9	10	11	12	13
14	15 (스승의 날)	16	17	18	19	20
21	22	23	24	25	26	27
28	29	30	31			

1주일은 7일입니다.
이것을 이용하여 며칠을 몇 주 며칠로 고칠 수 있고, 몇 주 며칠을 며칠로 고칠 수 있습니다.
1) 30일은 7일+7일+7일+7일+2일=1주+1주+1주+1주+2일이므로 4주 2일입니다.
2) 3주 6일은 1주+1주+1주+6일=7일+7일+7일+6일=21일+6일이므로 27일입니다.

각 달의 날 수

1) 2월은 평소 28일까지 있지만, 4년에 한 번 '윤달'이라고 해서 29일이 됩니다.
2) 1년은 365일이지만 4년에 한 번 윤달이 있을 때, 366일이 됩니다.

1년은 12개월입니다.
이것을 이용하여 몇 년 몇 개월을 몇 개월로 고칠 수 있습니다.
1) 2년 3개월은 1년+1년+3개월=12개월+12개월+3개월이므로 27개월입니다.
2) 32개월은 12개월+12개월+8개월=1년+1년+8개월 이므로 2년 8개월입니다.

월	1월	2월	3월	4월	5월	6월
날수	31	28(29)	31	30	31	30
월	7월	8월	9월	10월	11월	12월
날수	31	31	30	31	30	31

게임을 하면서 배우는 것

달력 보는 법 : 2학년 2학기에 나오는 달력을 보는 방법에 대해서 배우는 게임입니다.

확인학습 ❶

1 빈칸에 알맞은 숫자를 쓰세요.

1) 1주일 = ☐ 일
2) 24일 = ☐ 주일 ☐ 일
3) 17일 = ☐ 주일 ☐ 일
4) 4주일 = ☐ 일
5) 3주일 2일 = ☐ 일

2 달력을 보고 물음에 답하세요.

일	월	화	수	목	금	토
			1	2	3	4
5	6	7	8	9	10	11
12	13	14	15	16	17	18
19	20	21	22	23	24	25
26	27	28				

1) 이 달의 10일은 무슨 요일일까요? ( )요일
2) 며칠마다 같은 요일이 반복될까요? ( )일
3) 이 달의 월요일인 날짜를 모두 쓰세요.
(, , ,)

3 빈칸에 알맞은 숫자를 쓰세요.

1) 1년 = ☐ 개월
2) 17개월 = ☐ 년 ☐ 개월
3) 30개월 = ☐ 년 ☐ 개월
4) 1년 9개월 = ☐ 개월
5) 2년 2개월 = ☐ 개월

4 각 달의 날수를 나타낸 표입니다. 빈칸을 채워 보세요.

1월	2월	3월	4월	5월	6월
	28(29)				
7월	8월	9월	10월	11월	12월
				30일	

확인학습 ❷

1 빈칸에 알맞은 숫자를 쓰세요.

1) 1주일 3일 = ☐일
2) 26일 = ☐주일 ☐일
3) 13일 = ☐주일 ☐일
4) 4주일 2일 = ☐일
5) 2주일 5일 = ☐일

2 달력을 보고 물음에 답하세요.

일	월	화	수	목	금	토
				1	2	3
4	5	6	7	8	9	10
11	12	13	14	15(추석)	16	17
18	19	20	21	22	23	24
25	26	27	28	29	30	

1) 추석 연휴는 며칠부터 며칠까지 일까요?
( ) ~ ( )일
2) 이 달의 27일은 무슨 요일일까요? ( )요일
3) 이 달의 토요일인 날짜를 모두 쓰세요.
(, , ,)

3 빈칸에 알맞은 숫자를 쓰세요.

1) 2년 = ☐개월
2) 40개월 = ☐년 ☐개월
3) 22개월 = ☐년 ☐개월
4) 2년 3개월 = ☐개월
5) 3년 8개월 = ☐개월

4 각 달의 날수에 관한 질문에 답하세요.

1) 한 달의 날수가 28일일 때도 있고, 29일일 때도 있는 달은 몇 월일까요? ( )월
2) 한 달의 날수가 30일인 달을 모두 쓰세요.
( )월, ( )월, ( )월, ( )월
3) 31일이 연달아 있는 달은 몇 월과 몇 월일까요?
( )월, ( )월, ( )월, ( )월

유형학습 ❶

1 같은 것끼리 이어 보세요.

2 어느 해 5월의 달력입니다. 물음에 답하세요.

5월

1) 어버이날은 무슨 요일일까요? (   )요일
2) 어린이날은 몇 월 며칠일까요?
   (   )월 (   )일
3) 5월 20일은 무슨 요일일까요? (   )요일
4) 5월에 금요일인 날짜를 모두 쓰세요.
   (,   ,   ,   )

3 같은 것끼리 이어 보세요.

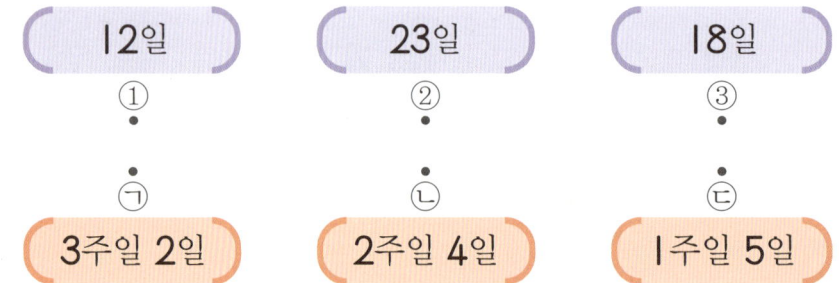

4 어느 해 10월의 달력입니다. 물음에 답하세요.

10월

1) 2일에서 3일 후는 무슨 요일일까요? (   )요일
2) 10일에서 4일 전은 무슨 요일일까요? (   )요일
3) 9일에서 10일 후는 무슨 요일일까요? (   )요일

유형학습 ②

1 같은 것끼리 이어 보세요.

2 어느 해 10월의 달력입니다. 물음에 답하세요.

1) 추석은 무슨 요일일까요? (   )요일
2) 한글날은 몇 월 며칠일까요?
   (   )월 (   )일
3) 10월 19일은 무슨 요일일까요? (   )요일
4) 10월에 화요일은 몇 번일까요? (   )번

3 같은 것끼리 이어 보세요.

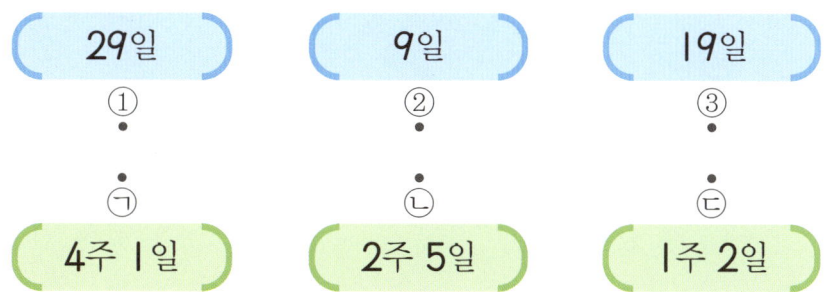

4 어느 해 9월의 달력입니다. 물음에 답하세요.

1) 2일은 금요일입니다. 8일 후는 무슨 요일일까요?
   (   )요일
2) 2일의 15일 후는 무슨 요일일까요? (   )요일
3) 15일의 4일 전은 무슨 요일일까요? (   )요일

정답

10쪽 → 확인학습1
1. 2, 3, 4, 5, 6, 7, 8, 9
2. 이, 삼, 사, 오, 육, 칠, 팔, 구/ 둘, 셋, 넷, 다섯, 여섯, 일곱, 여덟, 아홉
3. 1) ●●●●●●○○○
   2) ●●●●●●●○○
4. 셋째, 넷째, 다섯째, 여섯째, 아홉째

11쪽 → 확인학습2
1. ①
2. 1) 셋째 2) 일곱째 3) 현지
3. 8, 7, 5, 4, 2, 1
4. 1)
   2) (별 그림)

12쪽 → 유형학습1
1. 1) ○○○○□
   2) ○○○□□
2. ②
3. 노랑
4. 1) 2, 5 2) 3, 8

13쪽 → 유형학습2
1. ㉠-④, ㉡-①, ㉢-⑤, ㉣-⑧
2. 포도, 사과
3. 4, 8
4. 1) 8, 5 2) 7, 2

16쪽 → 확인학습1
1. 1) 0 2) 1 3) 2 4) 3 5) 4
2. 1)
   2)
3. 1) 1, 4 2) 1, 7
4. 십, 삼십, 사십, 오십, 칠십, 팔십 / 스물, 서른, 쉰, 예순, 여든, 아흔

17쪽 → 확인학습2
1. 1) 3 2) 2 3) 1 4) 0
2. 1) (원 그림)
   2) (삼각형 그림)
3. 1) 30 2) 70 3) 2 4) 6
4. 12, 15, 17, 19 / 십일, 십삼, 십사, 십칠, 십팔 / 열, 열하나, 열셋, 열다섯, 열여섯, 열여덟, 열아홉

18쪽 → 유형학습1
1. 0
2. 1) 6 2) 3
3. 1) 13 2) 11
4. 30
5. 14

19쪽 → 유형학습2
1. 2
2. 1) 7 2) 1
3. 1) 7 2) 6
4. 60
5. 17

22쪽 → 확인학습1
1. 1) 62 2) 27 3) 85
2. 1) 38 2) 45 3) 68
3. 1) 28 2) 13 3) 54
4. 12, 13, 15, 17, 18, 20 / 21, 23, 24, 26, 28, 29 / 33, 35, 36, 37, 39 / 41, 42, 44, 47, 48, 50
5. 26, 27, 28, 29

23쪽 → 확인학습2
1. 1) 2, 3 2) 7, 4 3) 5, 8
2. 1) 22 2) 36 3) 45
3. 1) 79 2) 81 3) 91
4. 52, 53, 54, 56, 57, 60 / 61, 62, 63, 65, 67, 68, 69 / 71, 73, 74, 75, 76, 79, 80 / 81, 82, 85, 86, 87, 88, 90 / 91, 93, 94, 95, 97, 98, 99
5. 36, 37, 39, 41, 42 답: 2

24쪽 → 유형학습1
1. 삼십이, 삼십삼, 삼십사, 삼십오 / 서른둘, 서른셋, 서른넷, 서른다섯
2. ①-㉡, ②-㉠
3. 21, 23
4. 채은이
5. 이모

25쪽 → 유형학습2
1. 삼십칠, 삼십팔, 삼십구, 사십 / 서른일곱, 서른여덟, 서른아홉, 마흔
2. ①-㉡, ②-㉡
3. 46, 48
4. 민선이
5. 자몽

28쪽 ➡ 확인학습1

1. 7

2. 1) 3 2) 5 3) 1

3. 1) 7 2) 9 3) 10 4) 10

29쪽 ➡ 확인학습2

2) 2 3) 2, 1 4) 3, 1 5) 5, 4, 3, 4, 5 6) 6, 2, 3, 5, 6 7) 7, 3, 4, 4, 3, 2, 7, 1 8) 7, 6, 4, 5, 4, 3, 2, 1

30쪽 ➡ 유형학습1

1. 1) 4 더하기 2 2) 1 더하기 8

2. 1) 5 2) 8 3) 9

3. 1) 4+3=7 2) 3+4=7

4. 2+1=3

5. 같습니다

31쪽 ➡ 유형학습2

1. ①-ⓒ-⑤, ②-㉠-④, ③-ⓛ-⑥

2. 1) 5 2) 8 3) 3

3. 10

4. ②

5. 1) 2 2) 4 3) 4

34쪽 ➡ 확인학습1

1) 23 2) 29 3) 32 4) 41 5) 52
6) 57 7) 62 8) 66 9) 81 10) 74
11) 38 12) 98 13) 16 14) 18
15) 56 16) 50 17) 50 18) 70
19) 70 20) 37 21) 48 22) 58
23) 86 24) 88 25) 96 26) 59
27) 49 28) 48 29) 59 30) 68

35쪽 ➡ 확인학습2

1) 13 2) 17 3) 12 4) 24 5) 27
6) 36 7) 68 8) 56 9) 71 10) 76
11) 99 12) 96 13) 49 14) 58
15) 38 16) 60 17) 80 18) 70
19) 90 20) 70 21) 48 22) 77
23) 58 24) 99 25) 95 26) 79
27) 84 28) 98 29) 74 30) 87

36쪽 ➡ 유형학습1

1. 1) 4, 34 2) 4, 24

2. 28

3. 16

4. 89

5. 89

37쪽 ➡ 유형학습2

1. 1) 6, 56 2) 1, 81

2. 34

3. 47

4. 84

5. 73

40쪽 ➡ 확인학습1

1) 1 2) 4 3) 1 4) 3 5) 6 6) 4
7) 6 8) 2 9) 2 10) 2 11) 2
12) 2 13) 6 14) 6 15) 1 16) 2
17) 2 18) 3 19) 5 20) 1 21) 7
22) 4 23) 3 24) 4 25) 3 26) 5
27) 4 28) 3 29) 1 30) 4

41쪽 ➡ 확인학습2

1) 9 2) 7 3) 4 4) 5 5) 6 6) 8
7) 3 8) 2 9) 5 10) 1 11) 4
12) 1 13) 6 14) 5 15) 3 16) 6
17) 4 18) 2 19) 5 20) 0 21) 5
22) 2 23) 2 24) 0 25) 3 26) 2
27) 1 28) 2 29) 1 30) 1

42쪽 ➡ 유형학습1

1. 1) 5 2) 5 3) 3 4) 7

2. 1) 6-4=2 2) 8-5=3

3. 1) 3 2) 4

4. 식 8-2=6, 답 6

5. 1) 식 8-3=5, 답 5
   2) 식 5-3=2, 답 2

43쪽 ➡ 유형학습2

1. 1) 4 2) 2 3) 1 4) 2

2. 1) 5-2=3 2) 7-2=5

3. 1) 6 2) 9

4. 식 6-5=1, 답 1

5. 1) 식 3, 1, 답 3
   2) 식 8, 6, 답 8

46쪽 ➡ 확인학습1

1) 9 2) 3 3) 4 4) 7 5) 5 6) 1
7) 2 8) 6 9) 35 10) 60 11) 34
12) 21 13) 12 14) 54 15) 14
16) 30 17) 11 18) 31 19) 22
20) 10 21) 10 22) 5 23) 24
24) 40 25) 51 26) 12 27) 51
28) 55 29) 40 30) 36

47쪽 ➡ 확인학습2

1) 70 2) 22 3) 32 4) 63 5) 41
6) 91 7) 77 8) 51 9) 15 10) 55
11) 45 12) 24 13) 91 14) 91
15) 51 16) 73 17) 24 18) 43
19) 11 20) 63 21) 40 22) 66
23) 20 24) 70 25) 52 26) 20
27) 35 28) 52 29) 33 30) 52

48쪽 ➡ 유형학습1

1. 15

2. 28, 13

3. 8, 3

4. ①, ③, ②

5. 23

49쪽 → 유형학습2

1. 15
2. 37, 57
3. 8, 3
4. ②, ①, ③
5. 55

52쪽 → 확인학습1

1) 13 2) 13 3) 12 4) 12 5) 11
6) 15 7) 13 8) 11 9) 11 10) 12
11) 18 12) 20 13) 27 14) 23
15) 21 16) 25 17) 33 18) 31
19) 31 20) 30 21) 83 22) 82
23) 80 24) 84 25) 72 26) 63
27) 42 28) 63 29) 72 30) 58

53쪽 → 확인학습2

1) 12 2) 14 3) 13 4) 14 5) 12
6) 15 7) 11 8) 11 9) 15 10) 21
11) 30 12) 33 13) 41 14) 36
15) 41 16) 35 17) 43 18) 23
19) 38 20) 61 21) 64 22) 32
23) 42 24) 81 25) 74 26) 81
27) 83 28) 71 29) 74 30) 75

54쪽 → 유형학습1

1. 1) 15 2) 10 3) 13 4) 12
2. ②
3. ①-㉠, ②-㉢, ③-㉡
4. 13
5. 22

55쪽 → 유형학습2

1. 11
2. 6+8=14, 25+22=47, 14+8=22, 33+14=47
3. ①-㉢, ②-㉠, ③-㉡
4. 1) 12 2) 20 3) 29 4) 38
5. 21

58쪽 → 확인학습1

1) 17 2) 9 3) 27 4) 38 5) 8
6) 7 7) 9 8) 6 9) 9 10) 13
11) 18 12) 8 13) 27 14) 6
15) 27 16) 19 17) 47 18) 8
19) 67 20) 7 21) 38 22) 54
23) 7 24) 28 25) 37 26) 26
27) 19 28) 28 29) 16 30) 28

59쪽 → 확인학습2

1) 8 2) 15 3) 8 4) 27 5) 17
6) 26 7) 19 8) 36 9) 78 10) 46
11) 7 12) 14 13) 37 14) 44
15) 6 16) 7 17) 35 18) 8 19) 26
20) 47 21) 19 22) 9 23) 8
24) 38 25) 24 26) 39 27) 27
28) 36 29) 15 30) 26

60쪽 → 유형학습1

1. 4, 5, 6, 7, 8, 9 / 2, 3, 4, 5, 6, 7
2. 1) 19 2) 19 3) 7 4) 7
3. ①-㉡, ②-㉠, ③-㉢
4. 38
5. 7

61쪽 → 유형학습2

1. 1) 8 2) 4 3) 3
2. ②
3. 62-46=16, 38-19=19, 46-19=27
4. 16
5. 17

64쪽 → 확인학습1

1) 9 2) 7 3) 5 4) 9 5) 5 6) 5
7) 3 8) 3 9) 1 10) 19 11) 80
12) 39 13) 94 14) 39 15) 49
16) 11 17) 14 18) 13 19) 2
20) 26 21) 33 22) 51 23) 91
24) 71 25) 18 26) 14 27) 17
28) 18 29) 38 30) 6

65쪽 → 확인학습2

1) 9 2) 6 3) 8 4) 10 5) 3 6) 6
7) 1 8) 4 9) 19 10) 28 11) 59
12) 49 13) 55 14) 88 15) 20
16) 61 17) 22 18) 11 19) 51
20) 67 21) 50 22) 85 23) 75
24) 27 25) 19 26) 16 27) 37
28) 15 29) 7 30) 8

66쪽 → 유형학습1

1. ①-㉡, ②-㉢, ③-㉠
2. (별 8개 / 별 7개 ○ 1개 / ○ 6개), 26
3. 1) 63 2) 37 3) 18 4) 8
4. 1, 2, 4 / 7, 8, 9

67쪽 → 유형학습2

1. ①-㉢, ②-㉠, ③-㉡
2. (하트로 채워진 칸), 5
3. 1) 38 2) 19 3) 17 4) 2
4. 1, 2, 5 또는 1, 3, 4 / 6, 8, 9

70쪽 → 확인학습1

1. ①-㉢, ②-㉠, ③-㉡
2. ①
3. ①
4. ③
5. 1) 직선 2) 반직선 3) 선분

71쪽 → 확인학습2

1. (가) 반직선 (나) 점 (다) 각

2.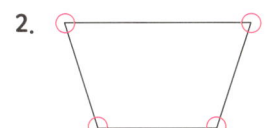
3.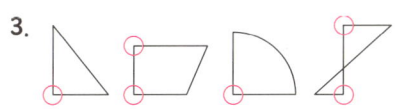
4. ③
5. 2

72쪽 → 유형학습1
1. (figures with line segments ㄱㄴ)
2. 1) 셀 수 없을 만큼 많다.
   2) 1 3) 2
3. (hexagon with vertices marked)
4.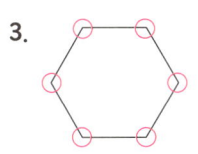
5. ② 각 ㄹㅁㅂ

73쪽 → 유형학습2
1. ①-ㄴ, ②-ㄱ, ③-ㄷ
2. 1) ㄴ 2) ㄴㄱ, ㄴㄷ 3) ㄱㄴㄷ
3. 직각
4. 삼각형, 사각형, 오각형, 원 등
5. 원

76쪽 → 확인학습1
1. 1) ○ 2) × 3) ○
2. 1) ○ 2) × 3) ○
3. 1) ○ 2) × 3) ○
4. 1) ○ 2) × 3) ○
5. 1) × 2) ○ 3) ×

77쪽 → 확인학습2
1. 1) 3, 3 2) 4, 4 3) 0, 0 4) 5, 5

5) 6, 6
2. ①-ㄴ, ②-ㄹ, ③-ㅁ, ④-ㄱ, ⑤-ㄷ
3. 1) 7 2) 5 3) 2
4. 6

78쪽 → 유형학습1
1. ㄱ, ㄹ
2. 8
3. 오각형
4. 육각형
5. 5

79쪽 → 유형학습2
1. 1) 곧은 선으로 둘러싸여 있어요.
   2) 각을 갖고 있어요.
2. 8
3. 원
4. 9
5. 3

82쪽 → 확인학습1
1. ②
2. 육각형
3. 5
4.

83쪽 → 확인학습2
1. 1) 원 2) 육각형 3) 사각형
2. 1) 육각형 2) 오각형
3. 원, 사각형
4.

84쪽 → 유형학습1
1. ②
2. 원
3. 3
4. 사각형
5. 동전, 컵, 접시 등

85쪽 → 유형학습2
1. ③
2. 육각형
3. 3, 4, 2
4. 원, 사각형
5. 트라이앵글, 삼각 김밥 등

88쪽 → 확인학습1
1. 1) ① 2) ② 3) ②
2. ①-ㄴ, ②-ㄱ, ③-ㄷ
3. ①

89쪽 → 확인학습2
1. 1) ㄴ, ㄷ 2) ㄱ, ㄴ
   3) ㄴ, ㄷ 4) ㄱ, ㄴ
2. ①-ㄱ, ②-ㄷ, ③-ㄴ
3. 3, 4, 2

90쪽 → 유형학습1
1. 1) ③ 2) ②
2. 사각기둥
3. 같은 점: 평평한 면이 있어요.
   위로 쌓을 수 있어요.
   다른 점: 가)는 옆으로 눕히면
   굴러가고, 나)는 굴러가지 않아요.
   가)는 둥근 부분이 있고 나)는
   뾰족한 부분이 있어요.
4.

91쪽 → 유형학습2
1. 1) ② 2) ②

2. 원기둥
3. 같은 점: 둥근 부분이 있습니다.
   옆으로 굴리면 굴러갑니다.
   다른 점: 가)는 위로 쌓을 수 없고,
   나)는 위로 쌓을 수 있습니다.
   가)는 어느 방향으로도
   굴러갑니다. 나)는 평평한 부분이
   있습니다.
4.

94쪽 ➡ 확인학습1
1. ①-ⓒ, ②-ⓐ, ③-ⓑ
2. 구
3. ①, ⑤ / ②, ④ / ③, ⑥
4. 구, 원기둥

95쪽 ➡ 확인학습2
1. 원기둥
2. 사각기둥
3. 원기둥
4. 원기둥, 사각기둥

96쪽 ➡ 유형학습1
1. ①-ⓒ, ②-ⓒ, ③-ⓐ
2. 2, 2, 4
3. ①
4. ②

97쪽 ➡ 유형학습2
1. ①-ⓒ, ②-ⓐ, ③-ⓒ
2. 1, 4, 4
3. ③
4. ①

100쪽 ➡ 확인학습1
1. 1, 1, 2
2. 삼각형, 오각형

3. 6
4. ①-ⓐ, ②-ⓒ, ③-ⓑ
5. 캔, 통조림, 두루마리 휴지, 컵 등

101쪽 ➡ 확인학습2
1. 1) 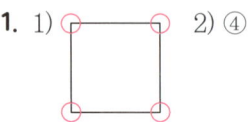 2) ④
2. 1, 3
3. 1) × 2) ○ 3) ×
4. (초록 정육면체)

102쪽 ➡ 유형학습1
1. ①-ⓒ, ②-ⓐ, ③-ⓒ
2. 2, 1
3. ③
4. 5
5.

103쪽 ➡ 유형학습2
1. ①
2. ②
3. 구
4. ①
5. (나무 정육면체)

106쪽 ➡ 확인학습1
1. 1) 높아요 2) 작아요 3) 높아요
2. 1) 크레파스 2) 짧습니다 3) 연필
3. 1) △ 3) ○
4. 1cm 1cm 1cm

107쪽 ➡ 확인학습2
1. 1) 낮은 2) 높은, 낮은
2. ②, ③, ②
3. ①

4. ②

108쪽 ➡ 유형학습1
1. 1) ○ 2) △
2. ②
3. ③
4. 1) 7 2) 4

109쪽 ➡ 유형학습2
1. 2) △ 3) ○
2. ①
3. ③
4. ③

112쪽 ➡ 확인학습1
1. 1) ① 2) ①
2. 1) 더 좁습니다 2) 더 넓습니다
3. 1) 텔레비전 2) 핸드폰, 텔레비전
4. ①, ③

113쪽 ➡ 확인학습2
1. 1) ② 2) ①
2. 1) 큽니다 2) 작습니다.
3. 1) ① ○, ④ △ 2) ①, ②, ③, ④
4. ②, ①, ③

114쪽 ➡ 유형학습1
1. ②, ①, ③
2. ②
3. ②, 이유 : ①번 봉투는 좁아서
   책을 담을 수 없다.
4. ③

115쪽 ➡ 유형학습2
1. ①, ③, ②
2. ①
3. ②, 이유 : ①번 집은 좁아서
   강아지가 들어갈 수 없다.

4. ①-ㄱ, ②-ㄷ, ③-ㄴ

118쪽 ➡ 확인학습1
1. 1) ① 2) ②
2. 1) 양동이 2) 컵
3. 1) ② 2) ②
4. ③, ①, ②

119쪽 ➡ 확인학습2
1. 1) ① 2) ②
2. 1) 냄비 2) 접시
3. 1) ① 2) ①
4. ②, ①, ③

120쪽 ➡ 유형학습1
1. ④, ②, ①, ③
2. ②
3. ②
4. ②

121쪽 ➡ 유형학습2
1. ①
2. ①, ③, ②
3. ②
4. 1) △ 3) ○

124쪽 ➡ 확인학습1
1. 1) 가벼워요 2) 무거워요
2. 1) ② 2) ②
3. 1) ① 2) ①
4. 1) ① 2) ③

125쪽 ➡ 확인학습2
1. 1) ① 2) ②
2. 1) ① 2) ②
3. 1) 무겁습니다 2) 가볍습니다
4. ①-ㄴ, ②-ㄱ

126쪽 ➡ 유형학습1
1. 1) ② 2) ②
2. 강아지
3. ①
4. ①

127쪽 ➡ 유형학습2
1. 1) ② 2) ①
2. ②
3. ①
4. ②

130쪽 ➡ 확인학습1
1. 1) 2 2) 6, 30
2. 1) 6 2) 11과 12
  3)
3. ①
4. ①-ㄴ, ②-ㄱ

131쪽 ➡ 확인학습2
1. 1) 12 2) 8
  3)
2. 1) 5, 30 2) 12, 30 3) 10, 30
3. 1)  2)
4. ①

132쪽 ➡ 유형학습1
1. 3
2.
3. ①, ②, ③

4. ①

133쪽 ➡ 유형학습2
1. 1)  2) 3) 4)
2. 1) 6 2) 11, 30 3) 4, 30
3. 7
4. ①, ③

136쪽 ➡ 확인학습1
1. (12부터) 0, 5, 10, 15, 20, 25, 30, 35, 40, 45, 50, 55
2. 1) 2, 37 2) 5, 42 3) 7, 11
3. 1)  2)
  3)
4. 1) 3, 15 2) 9, 14 3) 6, 10

137쪽 ➡ 확인학습2
1. 1) 44 2) 43 3) 42 4) 41
2. 1) 3, 5 2) 9, 17 3) 9, 23
3. 1)  2)
  3)
4. 1) 5, 12 2) 9, 3 3) 7, 8

138쪽 ➡ 유형학습1
1. ①-ㄴ, ②-ㄷ, ③-ㄱ

2. ①-ㄷ, ②-ㄱ, ③-ㄴ
3. ②
4. 5, 45

139쪽 ➡ 유형학습2

1. ①-ㄴ, ②-ㄱ, ③-ㄷ
2. ①-ㄴ, ②-ㄷ, ③-ㄱ
3. ②
4. 8, 20

142쪽 ➡ 확인학습1

1. 1) 60 2) 135 3) 1, 40 4) 203
   5) 2, 30 6) 65
2. 1) 시각 2) 시각
3. 1) 30 2) 5, 50 3) 3, 50
4.

143쪽 ➡ 확인학습2

1. 1) 90 2) 225 3) 1, 55 4) 137
   5) 5, 40 6) 2, 20
2. 1) 시각 2) 시간
3. 1) 7, 30 2) 8, 50 3) 9, 50
4.

144쪽 ➡ 유형학습1

1. ①-ㄷ, ②-ㄱ, ③-ㄴ
2. 1) 15 2) 20 3) 35
3. 1) 1, 30 2) 90

145쪽 ➡ 유형학습2

1. ①-ㄴ, ②-ㄱ, ③-ㄷ
2. 1) 37 2) 120 3) 37 4) 194 /
   3, 14
3. 223 / 3, 43

148쪽 ➡ 확인학습1

1. 자유롭게 만들어보세요.
2. 1) 24 2) 1, 1 3) 1, 6 4) 36
   5) 27 6) 1, 5
3. 1) 오후 2) 오전
4.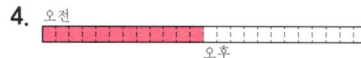

149쪽 ➡ 확인학습2

1.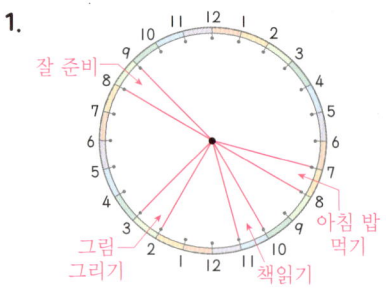
2. 1) 48 2) 1, 21 3) 1, 11
   4) 39 5) 36 6) 1, 16
3. 1) 오후 2) 오전
4. 1) 2 2) 4 3) 6

150쪽 ➡ 유형학습1

1. 1) 12 2) 14
2. 1) 오전 8시에 아침 식사를 해요.
   2) 오후 8시에 숙제를 해요.
3. 1) 10, 12 2) 2 3) 숙제, 운동
4. 1)
   2) 9

151쪽 ➡ 유형학습2

1. 1) 16 2) 7
2. 1) 토요일 오전 9시에 아빠와
      공원에 가요.
   2) 오후 9시에는 잠을 잘 준비를
      해요.
3. 1) 12, 2 2) 1
   3) 산책, 자유 시간, 독서
4. 1) 오전 10 2) 11

154쪽 ➡ 확인학습1

1. 1) 7 2) 3, 3 3) 2, 3
   4) 28 5) 23
2. 1) 금 2) 7 3) 6, 13, 20, 27
3. 1) 12 2) 1, 5 3) 2, 6
   4) 21 5) 26
4. 31, 31, 30, 31, 30 /
   31, 31, 30, 31, 31

155쪽 ➡ 확인학습2

1. 1) 10 2) 3, 5 3) 1, 6
   4) 30 5) 19
2. 1) 14, 16 2) 화
   3) 3, 10, 17, 24
3. 1) 24 2) 3, 4 3) 1, 10
   4) 27 5) 44
4. 1) 2 2) 4, 6, 9, 11
   3) 7, 8, 12, 1

156쪽 ➡ 유형학습1

1. ①-ㄷ, ②-ㄱ, ③-ㄴ
2. 1) 화 2) 5, 5 3) 일
   4) 4, 11, 18, 25
3. ①-ㄷ, ②-ㄱ, ③-ㄴ
4. 1) 목 2) 금 3) 목

157쪽 ➡ 유형학습2

1. ①-ㄴ, ②-ㄱ, ③-ㄷ
2. 1) 수 2) 10, 9 3) 목 4) 5
3. ①-ㄱ, ②-ㄷ, ③-ㄴ
4. 1) 토 2) 토 3) 일

15	10	5	0
	(십)		
16	11	6	1
(십육)		(육)	
17	12	7	2
18	13	8	3
(십팔)			
19	14	9	4
(십구)	(십구)	(구)	

0	5	10 (십)	15
1	6 (육)	11	16 (십육)
2	7	12	17
3	8	13	18 (십팔)
4	9 (구)	14	19 (십구)

21	26	20	70
22	27	30	80 (팔십)
23	28	40	90 (구십)
24	29	50	+
25	31	60 (육십)	=

20	70	32	37
30	80 (팔십)	33	38
40	90 (구십)	34	39
50	—	35	41
60 (육십)	=	36	42

43	48	54	59
44	49	55	61 (육십일)
45	51	56	62
46	52	57	63
47	53	58	64

65	71	76	82
66 (육십육)	72	77	83
67	73	78	84
68 (육십팔)	74	79	85
69 (육십구)	75	81 (팔십일)	86 (팔십육)

			조커
87	93	98 (구십팔)	주사위 한번 더 
88	94	99 (구십구)	조커 5칸 앞으로 +5
89 (팔십구)	95	100	조커 3칸 앞으로 +3
91 (구십일)	96 (구십육)	+	조커 5칸 뒤로 −5
92	97	−	조커 2칸 뒤로 −2

문제1 8+20
문제2 7+30
문제3 9+10
문제4 4+20
문제5 5+30
문제6 11+16
문제7 21+41
문제8 28+21
문제9 15+32
문제10 15+23
문제11 6+31
문제12 8+41
문제13 7+11
문제14 25+13
문제15 32+17
문제16 2+17
문제17 3+15
문제18 4+34
문제19 1+18
문제20 5+30

문제21 9−6
문제22 8−1
문제23 7−4
문제24 9−2
문제25 5−3
문제26 8−5
문제27 16−4
문제28 29−5
문제29 38−7
문제30 42−1
문제31 37−5
문제32 26−3
문제33 19−8
문제34 49−13
문제35 34−27
문제36 36−12
문제37 41−30
문제38 17−13
문제39 28−16
문제40 37−25

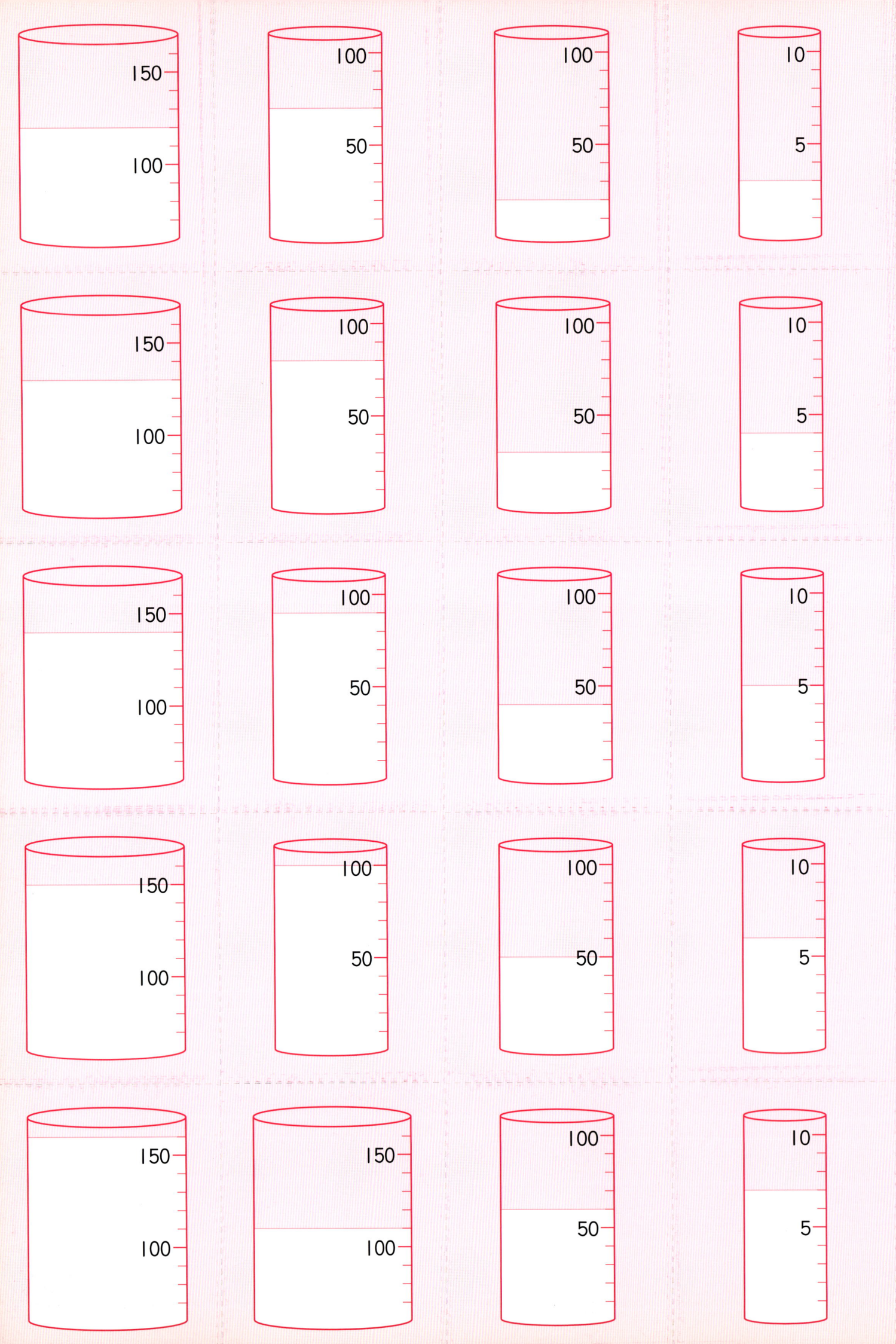

각	반직선	점
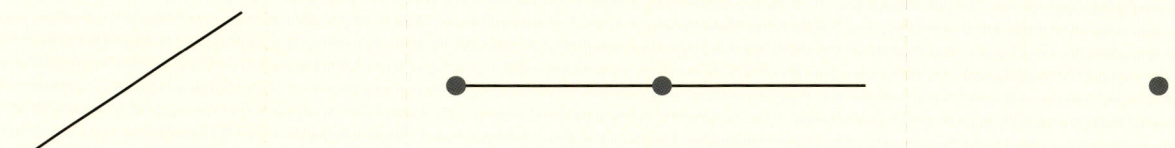		

면	직선	선분

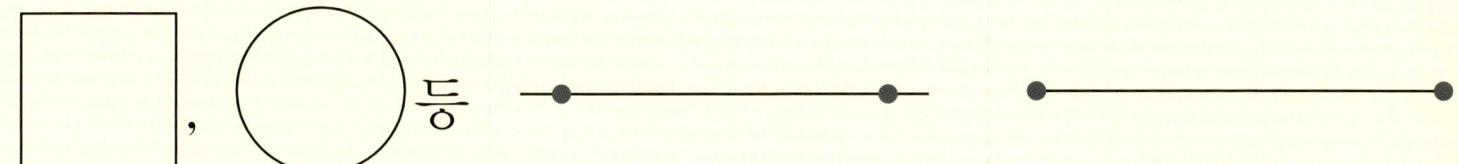

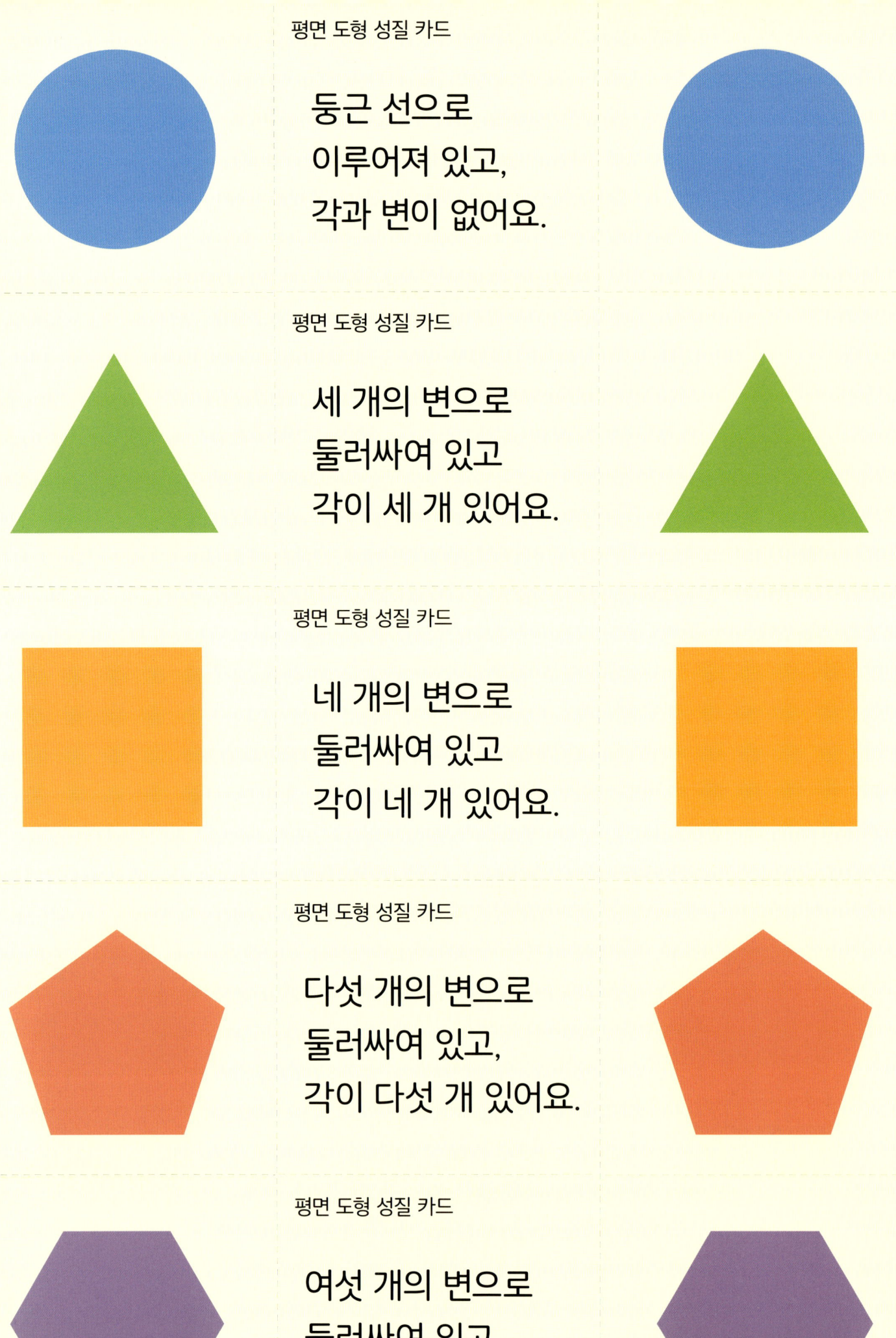

입체 도형 성질 카드

뾰족한 부분이 있어요.

입체 도형 성질 카드

쌓기가 쉬워요.

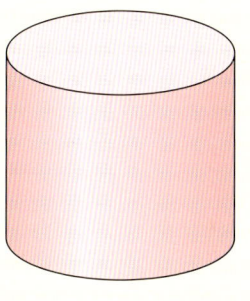  

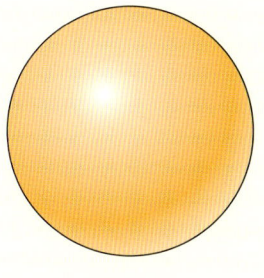  

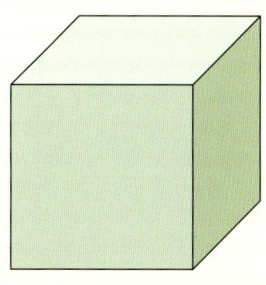  

입체 도형 성질 카드	입체 도형 성질 카드	입체 도형 성질 카드
너무 잘 굴러가서 쌓기가 힘들어요.	어느 방향으로 굴려도 잘 굴러가요.	평평한 부분이 있어요.
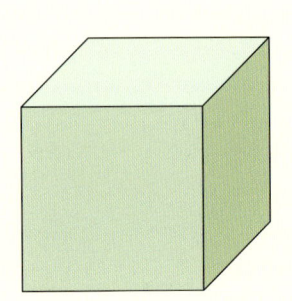	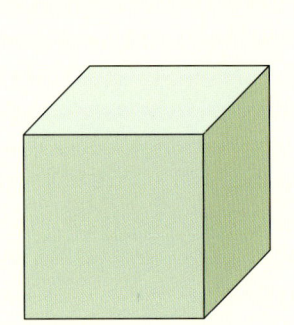	입체 도형 성질 카드 평평한 부분이 있어요.
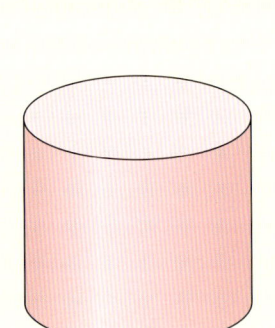	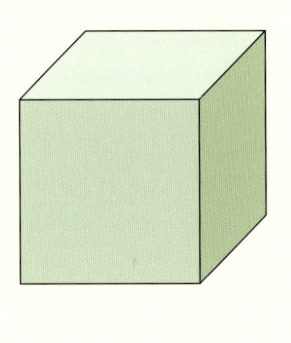	입체 도형 성질 카드 둥근 부분이 있어요.
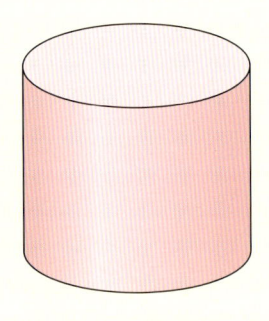	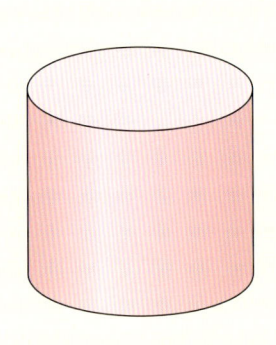	입체 도형 성질 카드 옆으로 눕히면 잘 굴러가요.
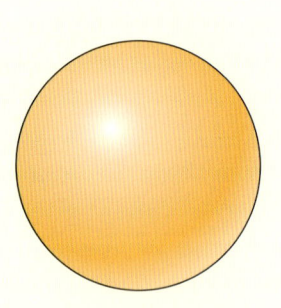	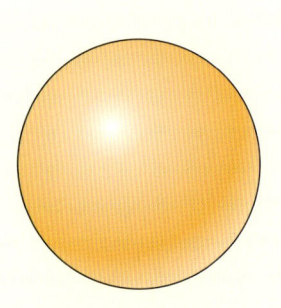	입체 도형 성질 카드 어느 방향에서 봐도 똑같이 생겼어요.

  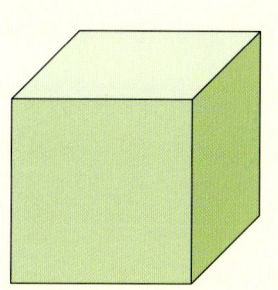

  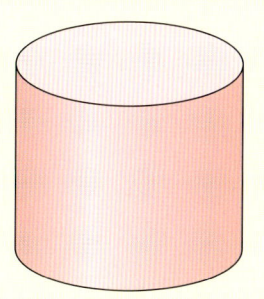

  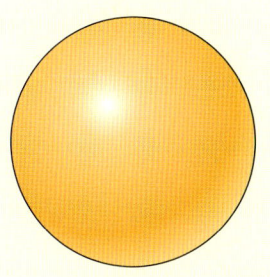

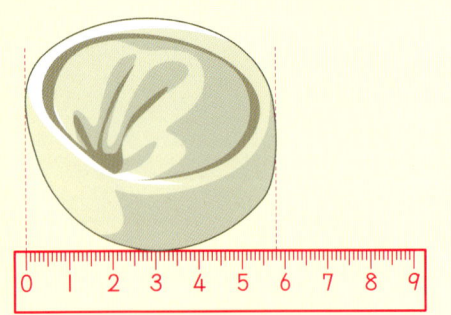 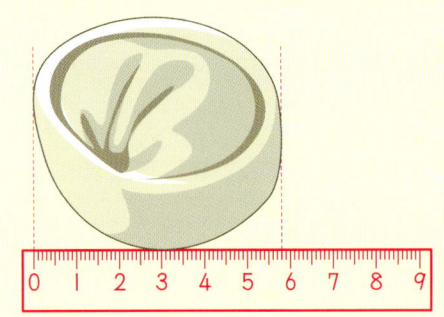 

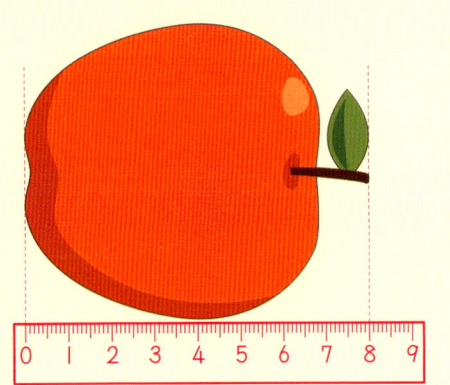 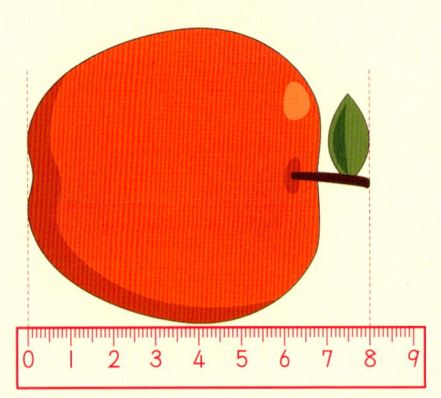 

제헌절 7월 17일	한글날 10월 9일	
설날	광복절 8월 15일	
월 일	개천절 10월 3일	추석

기념일 적어서 게임에 쓰세요.

월 일	식목일 4월 5일	어린이날 5월 5일

기념일 적어서 게임에 쓰세요.

월 일	현충일 6월 6일	삼일절 3월 1일

기념일 적어서 게임에 쓰세요.

땅따먹기 놀이판